吉本芭娜娜
解答交朋友的煩惱

吉本ばなな
が友だちの悩みについてこたえる

吉本芭娜娜

劉子倩 譯

目次

contents

序

關於這次要談的「朋友」這個主題，我苦思良久，可我知道自己完全給不出那種一般性的安全答案。我想這是因爲我太脫離常軌。我不是普通的家庭主婦。職業也不一般。很年輕時就離家獨立，原生家庭也不是一般家庭。

因此，對於我的所有答覆，若有人說「這是因爲妳得天獨厚有那種環境」，那我也無話可說，不過我反倒想問：「如果從我所在的另一個圈子看來，你認爲自己看起來又是如何？」

比方說如果外星人來到地球會怎麼看待大家？我想我大概有類似這樣的立場可以發言。這樣換一個角度檢視，說不定可以輕易解決現在的煩惱。我認為，關於本書，這就是我扮演的角色。

如果不先說這個大前提，我怕讀者會認為，「那是因為吉本芭娜娜是在特殊環境長大的。」就此關閉心門，找不到新的答案。

當然你也可以嚷著：「媽呀，外星人！超恐怖！」退避三舍，但是對外星人，想必也想問一聲：「在你看來我們是什麼樣子？什麼地方看起來有待改進？」如果能抱持這種心態閱讀，我想應該能找到一些啟發。

吉本芭娜娜

1

好友有了出色的戀人或幸福地結婚生子、找到喜歡的工作時，看著對方神采飛揚的模樣，有時我竟無法衷心祝福。嫉妒自己的好友時內心真的很痛苦，也有罪惡感。這種時候，可有方法應對？

基本上，當你感到嫉妒時，恐怕已經不算是好友了吧？我想重點其實就這麼簡單。無論你有多麼喜歡那個人，當你感到嫉妒時，就已超越好友這個距離感。至少我是這麼認為。

兒時或學生時代，大家在各方面算是狀況比較類似。比方說，父母的收入和家庭環境相似，用品和穿著也大致相同。條件相同的兒時玩伴出了社會突然開始得到各種東西時，雖是好友或許也可能會嫉妒。

舉例而言，搭乘郵輪旅行一百天都待在同一場所，會和船上的人變得感情超好，交到許多朋友。但那只是因爲和許多人一起待在封閉的環境。在這點，學校生活亦然。學校和郵輪都有同桌或同房這種「近在身旁」的人，基於生物本能，基本上自然會熟識親近。許多人好像把那稱爲「朋友」，我也認爲那樣沒錯。

不過，說不定此人只是因爲在同一場所才親近那個對象。如果就這個定義深入思考，我連一個「朋友」都沒有。我只有「夥伴」，夥伴也可能不是近在身邊的人。

例如我把事務所員工當成我的侄子一樣疼愛，在一起的時間比家人更長，外出投宿飯店也會住同一個房間，但我認爲有所謂的角色分配。例如員工的家中發生不幸時，我不會趕過去整晚握著對方的手安慰或是幫忙煮飯。那不是我該做的事。諸如此類，每個人各有各的角色。但是當你想逾越那個時，就已不再是愛了。一旦開始出現不自然的狀況，就會變得自我中心，不再爲對方著想。

言歸正傳，在父母和環境都相似的條件下齊頭並進地一起長大，唯有一方獲得大獎，受到老師肯定，功成名就……這種場合的嫉妒，就像我前面說過的屬於不自然地脫離常軌。如果單就這二人來看，算是發生了不自然的狀況。

那麼，產生嫉妒時該如何應對呢？這種時候，只要理解自己的心情，明白「我現在大概是在嫉妒」不就好了嗎？這和正視情緒也有點不同。是小林健①醫生說的「step back」，認清情緒之後退一步思考。不要向前衝太快。

因嫉妒而衝動，就會產生「我一定要成功，我要對那傢伙還以顏色」，或是「那傢伙對我越體貼我就越生氣」的想法，每天把情感攻擊性地投注在對方身上。相反的心態就是「不要向前衝太快」這個應對之道。盡量保持「現在已經變成這樣了，沒辦法」這種狀況就好。盡量就好喔，因爲人並沒有那麼強大。要慢慢退回本來的自己。

如果問我，「那我退回本來的自己後，就能夠重新和我嫉妒的對象做朋友嗎？」我想再舉之前的例子做說明。如果我的員工對我說：「既然把我當成自家人疼愛，那我有難時妳要幫助我家喔！」我大概會回答：「那是兩回事吧？」在那個員工周遭，必然有這種時候會趕來幫忙的朋友。有些事只有他們能做到。那不是我該做的，我不能搶走員工和那些人的寶貴時間。我只做我能做的。這並沒有什麼地位高下之分。大家都同樣尊貴。我認爲人類需要各種類型的關係性。雖不可能全部滿足，但某部分只有某個人能夠確實滿足，正因爲有許多這樣的人，這才是人生。反過來說，那個人的坑也無法被別人填滿。我們必須忠於自己的角色分配。

還有，交友關係如果偏重在一人身上，很容易產生不自然的偏差。如果重新審視：「徹底偏執的自己，真的只有那一面嗎？」想必會發現並非如此。

這是我常用的比喻，而且很容易被誤解——陪你去遊樂園玩很開心的人，不見得適合陪你去看電影。如果彼此的角色明確，說出「雖然每次都是跟你去遊樂園，但今天要不要陪我去看電影」時，彼此也能幸福地享受。偶爾改變角色也能靈活應對。即便對「遊樂園的朋友」而言，偶爾去電影院也能轉換心情

①小林健：自然療法家。一九七九年起在紐約的本草閣自然療法中心施術。著有《從根本治病的量子醫學：古老又嶄新的魔法健康法》、《想長壽就要有素生力》等。

或者有什麼新發現。這是遊樂園專屬伴遊才有的樂趣。

前面提到的那種嫉妒的狀況，換言之是只看到彼此齊頭並進的過去。不過我也不是叫各位「展望未來」，只要自然地看著現在，先思考你和那個與自己同齡卻已先一步成功處於不同狀況的朋友，能否建立不同於以往的關係。

而且，就算和那個人疏遠了，自己身旁的空位必然會有別人加入。一時之間或許不可能，但時光飛逝，當你退一步注視之際，不知不覺就會和新來的人建立關係。

先出人頭地的人，想必在新環境也有新的邂逅。即便彼此分開了，下次重逢時，或許可以靠著這段時間的累積聊得比以前更愉快。如果考慮到這種時間的力量，我想，應該不會出太大的錯。

但就算是出人頭地的人，也不見得在新環境都是好事。認定「那傢伙怎麼老是運氣那麼好，看起來春風得意」其實是妄想。過於投入妄想沒有半點好處。只會讓自己變得空虛。總之還是退一步靜待時間來解決，我想這是最好的應對方法。

我不知道這個比喻各位能否理解，我家養的法國鬥牛犬和西藏㹴犬本就是水火不容的犬種。若在路上相遇會互相嘶吼威嚇，二者都是好鬥不知退讓的類型。但有我這個飼主在中間，好歹還能和平共存。像這樣，饒是本來八字不合的二者也有可能勉強共存。具備動物性那一面的人類應該也有同樣情形。或許價值觀沒那麼合得來，但在學校同班於是就變成朋友，這是命運安排，而且還滿重要的。不過，換個角度看也不過是那種程度。

正因如此，這種朝夕相處產生的友情，容易受傷也容易拆夥。住在遠處的人就算成功了我們也能說聲恭喜，可若是每天接觸的人，好像就會有點眼紅。

常在身旁的距離感這種關係，對人而言在生理上影響很大，但相對的，就某種角度而言也是可以被取代的。

我小學時，曾經有眞心覺得很要好的朋友。後來分班了，但我們很要好，所以下課時間我當然會去找她。但當時的老師提醒我，「就是爲了讓你們和各種人交朋友才重新分班，所以不可以在別班交朋友。」當然我把老師的提醒當成耳邊風還是繼續去找她。

我認爲「夥伴和朋友的差別」，或許就在這裡吧。分到別班的那個女孩是「夥伴」。縱使分開，我們的關係不變。可是同班同學對我而言，是一起上課做活動，中午一起吃飯的「身旁的朋友」。或許有一天可能會成爲夥伴，但現在不是。不過，若是夥伴，就算重新分班也是「天涯若比鄰」。如果拿公司來比喻，就像是「中午一起吃飯，下班也會一起去喝酒的同事，但調職後意外地不再聯絡」，這種關係不是夥伴，只是朋友。就算調職了，雖沒有特別的話要說還是思念對方忍不住聯絡的人，那就是「夥伴」。櫻井章一②先生也說過。他不需要「朋友」，但「夥伴」很重要。

② 櫻井章一：生於下北澤的經營者、麻將師、作家。一九九一年創立「雀鬼會」這個組織，指導「雀鬼流」（指麻將風格和生活方式）。著有自傳、自我開發領域的書籍《識人的技術》、《不努力的生活方式》、《我的遺言》等。

2

踏入社會後，就和學生時代的友人自然而然疏遠了，閒暇時也多半獨自度過。雖然也想交新朋友，卻不知該如何交友深感困擾。

首先，朋友驟減的情形恐怕並不多。事實上應該是慢慢減少的。仔細循著那條路回溯很重要。

不過，那並不代表要和已經疏遠的人重新見面，重點在於找回自我。這是確認「自己究竟喜歡什麼、想做什麼」的作業。這樣確認後，那些東西想必會徐徐增加。因爲不可能一下子就把依序遞減的東西全部找回來。

另外，「不想獨自生活」和「想交朋友」是不同的問題，不可混爲一談。如果不想獨處，只要常去固定的酒館之類就行了。其實任何人都有不想獨處的時候喔。會感覺「今天不管對象是誰都行，只想和人當面說說話」。如果是這種問題，光是去熟悉的店家應該就能轉換心情了。

自己現在究竟是「不想獨處」還是「想交朋友」，我認爲先搞清楚這點很重要。這二者差異很大。我就算在獨處時，只要想到此刻全世界都有我的夥伴在各地做各種事，通常就不會再寂寞。不過，當然也有物理性「現在不想獨處」的時候。

例如在酒吧交到的朋友，各位不覺得有時關係會比一般朋友莫名的更深入？雖只知對方姓「中村」，但此人正爲何事苦惱、爲何感到孤寂、喜歡什麼等等，說不定自己比他老婆還清楚？像這樣的關係或許也不錯。

或許你並不明白自己在尋求什麼，只是隱約有點寂寞或無聊，無法擺脫鬱悶。但這種狀況也正是重新審視自我的好機會。就某種角度而言，就像出國留學一樣是重新在人前展現自我的機會。如果追求的是豔遇那當然另當別論，如果是關於朋友，正如我剛才所說，先養成習慣固定去某店是最好的方法。

在固定去的店，就算要結交「夥伴」也不是毫無可能。但我認爲那和在學校班級交的朋友屬於同一類。雖然經常一起行動，可是搬家後關係便會就此結束。即便志不同道不合，在身邊待久了往往也會變成朋友，因此忘記怎麼交朋友深感困擾的人，必須先釐清自己究竟是想要物理上近距離的朋友，還是價值觀契合而結交的夥伴，才能夠解決問題。

如果眞有人「常在身邊而且價值觀契合」，那只能是你自己。若能和自己處得好，基本上人就沒問題。

比方說和戀人分手了超難過，卻也因此多出許多時間。如此一來便可和過去沒空見面的朋友相聚。之前週末只和戀人見面，現在可以見朋友了。於是朋友的朋友又找來更多朋友，因此擴大了朋友圈。如此形成的空間，不可能都是同質性事物加入。多出來的時間加入新事物的可能性極高。所以你只要敞開心懷接觸各種人應該就行了。在固定會去的店遇見的人，至少在「喜歡這家店」的價值觀是相同的，想必可以就此展開新的邂逅。

不過，這樣說或許很可悲，但這種朋友是可以被替代的。當然天底下沒有完全相同的人所以絕對不可能眞的替代，但就「在自己內心的地位」這個角度而言，替代是可能的。即便如此，先從那方面著手或許也不錯。

3

上了高中後，交不到真正覺得有趣的朋友。都是皮笑肉不笑的泛泛之交，就這樣上下學，打發下課時間，吃午餐。應付這種泛泛之交讓我每天都很累。這種時候，到底該怎樣才能交到真正的朋友？

（十幾歲）

在我高中時，狀況和這位讀者完全一樣，所以我很能夠理解。當時我無法好好思考這個問題。但如果用更宏觀的眼光來思考就會明白了。

我在老街長大，成長的環境與眾不同。那是現代已經沒有的環境。中小學時的同學，有人老是梳大背頭像個小混混，有人天天穿軍服，還有政治家的兒女，商店或中小企業老闆的孩子，也有人住在像馬路一樣沒有門的大雜院，一切都混雜在一起，就是那樣的昭和年代。

感覺眞的是三教九流都有，活著固然不容易，但也令人興味盎然。那段時期讓我學到，如果不搞清楚自己的定位，誰也不知道會發生什麼。打從當時就自我定位「面貌姣好身材婀娜」的女孩，後來選擇了情婦這個職種；將來要繼承家中商店的人，一放學就在頭上綁毛巾洗水桶做豆腐。也有人是飛車黨。所以自己的位置、優點、弱點如果不搞清楚，有可能會很辛苦。比方說，如果只因爲稍微熟悉周遭的人就開始化妝穿拖地長裙，立刻會被一群不良少年纏著邀約一起玩。所以我一直嚴守「家庭環境有點特別，很宅，頭腦聰明」這樣的定位。

可是上了高中後，學生沒有那麼多樣化，幾乎通通來自上班族家庭。和自營業家庭的價值觀截然不同。在我過去生活的世界，爲了生存必須積極強調自我特色，可是現在一下子變成如果強調自我就活不下去的世界。在那樣的環境獨自尋找和自己契合的人，耗費了很多時間很痛苦。由於價值觀差異太大，我甚至懷疑自己是否腦袋有問題。在高中不能與眾不同，光是存在好像就是罪過。我如果隨口說：「那太扯了！」大家就會警告我：「噓！在老師面前不能講那種粗話！」總之「四平八穩才是人生」這種保守的價值觀佔據主流，所以很難找到價值觀契合的人。當然，有幸找到的「夥伴」至今還是很要好。

不過，雖然覺得合不來，還是會有應酬式的泛泛之交。大家都是好人，可惜毫無共通點。只是一起玩樂。但他們都是好人，我並不後悔共度的時光。

所以如果要給這位高中生建議，我會說：「哎，反正你去找就是了！」我就曾四處尋找。一般社團找不到同好，我就加入了天文社。天文社的社員人數非常少，和攝影社、鐵路研究會請的是同一位指導老師。這三個社團的活動動輒被放在一起，活動也會彼此交流，我在攝影社和鐵路研究會也交到了朋友。他們都相當特別，98NOTE筆記型電腦尚未出現前，他們就已經自己寫程式，用電腦製作遊戲玩了。

我也在社團交了男友。還有一個超古怪的好姊妹，以及雖是來自上班族家庭卻很聊得來的朋友。在那一個年級有九班的時代，居然只有三個「夥伴」——雖然我也懷疑這樣是否像話。至今我和其中二人還是很親近。我想那是眞正的友誼。

除了那三人之外，高中時會一起玩的人也都是極端的怪咖。到底有多怪呢？在我長大後的某天，走在路上被高中學姊大喊一聲「杜倫帕③」叫住。我

---

③杜倫帕（ドロンパ）：藤子不二雄漫畫作品《小鬼Q太郎》中的角色。

很驚訝現在居然還有人喊我「杜倫帕」，但是再往學姊身旁一看，有個打扮成海盜的人把我嚇到了（笑）。那人打扮得就像松本零士④那個世界的人物，戴著眼罩和骷髏帽子。那天不是萬聖節，只是平凡的非假日中午，竟然cosplay成海盜（笑）。「啊，這個人是我的朋友某某。我們現在正要去玩。」學姊說。直到最後都沒解釋那人爲何打扮成海盜就這麼走了。「爲什麼和海盜在一起!?不懂！」我就這麼滿頭問號地回家（笑）。

還有一個，是鐵路研究會的怪胎男，我們那所高中穿便服，他卻堅稱「想保持儀表整齊」，每天穿立領學生服上學。如果問他：「爲什麼想儀表整齊？」他回答：「因爲將來我會站在剪票口，不能給鐵路局丟臉。」他還隨時拿著以前站務員用來剪票的剪子練習。但是等我們踏入社會時，車站已經改用自動驗票機了！枉費他那樣一直練習！

長大以後，我偶爾會想，「那人現在不知怎樣了？」結果在車站剪票口不期而遇，我逗他說：「你練習那麼久都白練了。」想想還挺有趣（笑）。

回顧當時，我覺得自己是眞的很努力尋找志同道合的夥伴。怪咖們掩飾自己的過激，活在個人興趣的世界，所以一下子很難發現，但果然還是有。我很慶幸能遇見這些怪咖。

高中時代習慣壓抑自我，等到上大學時，有時會有點迷失自我。那讓我打從心底感到害怕。高中三年，被灌輸了讓人便於就職的傳統價值觀，不知不覺行爲舉止都不像自己了。

人果然是誠實的生物。起初我也會和保守的朋友一起吃午餐，但我對他們的話題沒興趣，始終心不在焉。我覺得這樣也對不起他們，最後和平地脫離了他們。我只能誠實面對自我活著。所以請你多花點時間，相信自己的直覺，去

④松本零士：科幻漫畫作家。代表作為《銀河鐵道999》。

尋找和自己契合的人。

4

友人對餐飲店的店員態度蠻橫無禮，甚至下流地糾纏引來注目。起初我睜一隻眼閉一隻眼心想「大概是因為他今天喝醉了」，但他老是對店員失禮讓我開始厭煩。與其抱著這種心理壓力，我是否該和友人絕交呢？

這個朋友不是突然對店員失禮，我想他本來就是這種人，只是這位發問者看不出來。想必此人的父母也是這種人，對他來說那種舉動很自然吧。或者，那人一直拼命掩飾不讓提問者發現？因爲很少有人是忽然變得蠻橫無理。

大家嘴上說「絕交」，其實少有主動絕交的例子。最好還是順其自然不知不覺中疏遠。當你想著要「絕交」時，想必對那個人還有眷戀。

至於這位對友人態度感到不快的發問者具體的應對方法，我想，當場立刻提醒友人是上策。你可以輕微地數落他兩句：「用這種態度對待店員不好喔，你在餐飲店工作過嗎？我有，所以我懂得被客人那樣對待的辛酸。」數落之後，再根據對方的反應做判斷。對方也可能明理地說：「對不起，我父親就是這樣對待店員的……今後我會注意。」總之必須先那樣採取行動。如果只是在心裡想「這傢伙眞討厭」，對方只會感受到你的討厭，「咦？最近是不是在躲我？」對方不明白原因會很受傷。不過，這時不能改天再把人叫出來提醒，重點在於你必須當場立刻說：「欸，你剛才的態度不對。」如果你說出「看到你這種態度眞的很討厭」，對方還堅持「店員本來立場就比客人矮了一截無所謂」，那就只能告訴對方：「總之今後我不會再跟你一起去店裡。」

如果每次和那人吃飯時，都得向店員道歉：「是我朋友失禮了……」那樣彼此都太痛苦。或許那個人全家去店裡時都不會對店員說「謝謝」，那人對店員蠻橫的態度是耳濡目染，因此這點已經無法妥協。如果你還想繼續和那人做朋友，只能在別的方面來往。

爲什麼我說當場提醒很重要呢？這是爲了不讓彼此受傷太深。我們往往會忍不住在事後語重心長地寫訊息告誡對方，「那時候，你對店員擺出那樣的態度對吧？那讓我很不舒服。」但那樣太嚴肅了。最好還是採用「你也幫幫忙，那樣很矬欸！」或者「你非要那樣嗎？至少在我面前的時候克制一下好嗎？如果你不能克制的話，和你一起去店裡太尷尬了，恕我無法奉陪喔」這種語氣就好。

我以前也屬於那種當場不說，事後才寫訊息告訴對方的人。現在有時也會選擇用訊息表達我的眞心話，但如果不是伴侶或工作密切相關的夥伴，我建議還是當場就說。越年輕越難啓齒，很需要勇氣，但是與其把不滿積壓到最後忍無可忍才大爆發，這樣至少不會讓彼此受到重傷。如果拖到「你這麼多年一直這麼想!?」假使對方的失禮是不自覺的，那他肯定會大受打擊，所以下次請試試當場直接對他說：「沒禮貌！」（笑）。

5 我曾在某天突然遭到朋友漠視和背叛，從此再也無法相信別人。我很想克服對別人的不信任，請問該如何改善？

我一輩子都不會和突然漠視或背叛朋友的人來往。如果見到面當然也會正常寒暄，但絕不會進一步打交道。因爲對方極可能再犯，我也不想浪費時間。但是如果有別人在別的時候同樣漠視你，那你最好反省一下，「是否在某種程度上，自己也有什麼問題？」如果能從中發現自己的問題加以改善，自然不會重蹈覆轍。

各種情形都有所以無法一概而論，但也可能一再招來同樣的問題。例如，覺得自己被漠視，其實是自己沒有仔細觀察對方，總在對方疲憊的時候纏著人家說話。然後又對另一個人做出同樣的行爲，形成被漠視的無限循環。如果只有一次被背叛的經驗，也可能只是湊巧置身在那樣的環境。

日前我在計程車候車站排隊，前面站著二男一女看似公司同事，都是三十幾歲的樣子。當時最後一班電車剛走，他們好像都喝了酒。我以爲只是三人站著閒聊，沒想到其中一男一女忽然二話不說就撇下另一個男的走掉了。「這個被拋棄的男人，說不定很討人厭，但這種情形還是很不尋常吧……」連旁觀的我都很震驚。被拋下的男性，發現二人消失後那句驚愕的呼聲縈繞耳邊，令我深感同情，但我也不可能陪他一起回家（笑）。就算再怎麼討厭的人，好歹也打聲招呼「我們兩個決定從現在開始交往了！」再離開嘛。那三人，日後八成還會在公司見面。他們三個還能再次笑臉相對嗎？想到社會的黑暗面，我不寒而慄。說不定那二人只是很氣憤：「你太不識相了，看不出我們已經變成一對嗎！」但我還是覺得那種做法太傷人。跟那樣逃走的二人已經不用再做朋友了。我只想和要走也會打聲招呼的人去喝酒。

好久沒有親眼目睹「漠視和背叛」，連我這個旁觀者都忍不住驚呼。做到那麼難堪的地步，就算當事人自己可能也有點問題，我還是說不出「這是你的錯所以要自己負責」這種話。雖然聽來好像是優等生式的答案，但這種時候，只能視爲重新審視人際關係的契機。也是反省自己的寶貴時間爲何和這些人虛度的契機，同時也是「對方如何看待自己」這個問題的解答。

當然也要問，自己對那人眞的已經鞠躬盡瘁了嗎？如果自己掏心掏肺還遭到背叛，那就沒辦法，只能看開點就此絕交。但也有可能是因爲自己對那人敷衍了事，所以對方也對自己敷衍了事。檢討自己是否在對方身上關注過多，或者是否沒把對方當回事，我想，那種「遭到背叛的經驗」正是幫助你反省這些問題的重要契機。要克服心理陰影，首先就要重新反省。

我在人生中也經歷過幾次他人的背叛，做過反省。從中逐一學習，後來就算再發生不同模式的問題，也不再因爲同樣的事遭到同樣的背叛。而且不是感情和狀況的問題，是憑感覺就能判斷：「奇怪，這種氣氛好像是又陷入那種模式的氣氛？」

我的理想人際關係是「大家都在行動，卻不會互相碰撞」。擁有這種理想型，對我而言非常重要。

我感覺現代人全都太執著於固定和持續。結婚當然也包含在內。有那種心氣雖然重要，但是如果太執著於「持續」，好像會忽略「現在」。我也是那種喜歡的衣服和鞋子就會買雙份的人，比常人更有「想固定」的慾望所以我能理解，正因爲渴望讓自己覺得好的關係持續下去，所以我會提醒自己不要過於執著。

即使是渴望「固定」，人際關係往往也無法盡如己意。連自己的將來都無法如願掌控，人數增加後就更不可能盡如己意了。所以，大家自由行動不會互相碰撞就好。

說得極端點，昨天還在的人今天雖已不在身旁，但自己仍能過得很充實，這樣的狀態最理想。不過，互相欣賞的人就算放著不管想必也會再次相遇，愉快地說一聲「啊，又見面了」。

我年輕時在某個職場，接觸過一個女人，她只憑感情決定「今天欺負這個人吧」或「這個月大家一起漠視此人吧」，簡直當遊戲似地不懷好意。她每個月都會變換獵物所以有時也會瞄準我，我只覺得「世上也有這種人呢」，完全不當一回事。但是就因爲和那個把惡意當遊戲的女人在同一個空間，導致我的友人受害。事後我才察覺，那等於我也間接受害。從此，我不再去有那種人的場所，也明白身邊最好別讓這種人存在。

我想，錯就錯在我的滿不在乎。我以爲那是自由空間所以就算有惡意的人存在也無所謂，直到發覺我愛的人因此受傷，才明白根本沒必要把這人留在身邊……。若是現在的我，就會委婉但堅定地遠離她。

這種憑感情惡意玩弄他人的人，很難悔改。用愛去包容當然沒用，反正公司或學校肯定至少會有一個這樣的人。我向來對那種惡意不在意，所以那人才會刻意接近我吧。她是那種欺負別人還會驕傲地來報告「上次我對那人說了這種話喔」的人。這種人擁有魔性的神奇力量，有時候被那人黏上也無法產生反感。

我從小就生長在人際關係愛恨分明的環境，想必自然而然養成了不受打擊的強悍。所以我也比較遲鈍。雖然隱約察覺正在發生什麼，但在缺乏關鍵證據或場面的情況下也不能說什麼。就算發覺「這次旅行我遭到排擠」，但我在那個小團體之外還有夥伴，所以壓根不介意。

如今當然能夠明確說出「我不希望有那種情形發生」，但當時我只是擺出「我無所謂」的態度。事後才明白「結果那樣很不好！」但如果沒有這個遭遇也學不到重要的一課。現在的我已不再是「無所謂」的人，所以我知道如果自己的立場能夠阻止某人欺負別人時就該明確說出來。這種事情發生時，或許也是該大幅改變環境的時期。我在這個時期，重新審視了自己滿不在乎的處事方式的害處。

6 有可能和男友在分手後變成朋友嗎？交往幾年後分手，過了一段時間後，無法全盤否定對方的一切。有什麼契機和訣竅可以在分手後也能做朋友嗎？

最好別有和前男友做朋友的想法。因爲做不到，也會很怪（笑）。我也會和前男友見面，但眞正深愛過的人我不會再見他。也絕對不會和他單獨去吃飯。不過，前男友也有各種類別。有時彼此共同的朋友很多，或者只是個性互相吸引。如果是男女感情成分較少的戀愛，或許就算分手也能再見面。

例如我和當編輯的前男友就會因工作碰面，也會去他家和他太太聊天或者和小孩玩，但我們不會單獨見面。基本上就是因爲同樣待在出版界，而且當初交往時最有共鳴的也是「彼此對工作的態度」，才能夠至今繼續做朋友。

我認爲二人單獨見面不太自然。也常聽說難忘舊情人的故事，但我每每感到不可思議：距離那種時代已經過了多少年了？那和「懷舊」不同，如果只想著「我忘不了他，現在還想繼續交往」，我認爲很難。因爲時移世易，自己已經改變，對方也在改變。「喜歡當時的那個人」這種心態我能理解，但好像不該和「現在」混爲一談。

「想和前男友做朋友」的想法是從哪冒出的呢？「因爲輕鬆」或許是一大因素。雖然我的人生中完全沒有「分手了還是可以住前男友家」這種事，但現在如果回娘家還是會看到我的前男友居然在我家上班，讓我有了難得的體驗（笑）。

他替我照顧老邁多病的父母，和我的家人處得比我更好，雖然和我分手了，卻沒和我的家人分開……。受到他諸多幫助，這種幸福的關係仍保有信賴，而且也不會二人單獨見面，對我而言是最好的形式。

7

我在職場有要好的同事。假日會一起去看電影，也會聊親密話題。可是某天，我希望保密的事被公司的人知道，我懷疑是那人說出去的，因此產生不信任。對於職場交到的朋友，和私生活的朋友，是否還是該採取不同的交往方式？

首先，假日一起去看個電影，我認爲還不到朋友關係。再者，祕密只要告訴了別人，基本上就不再是祕密。

當然也不是說因此就可以讓人四處宣揚，所以也可藉此評量對方。如果對方是那種大嘴巴的人，心中自然有數，知道從此再也不能把要緊事告訴此人，但自己說出口後又生氣「怎麼能把祕密告訴別人！」這樣好像有點不講理。

況且也沒有證據證明的確是那人洩漏你的祕密，所以這種情況很難說。搞不好是別人說的。

在職場搞砸人際關係眞的風險很高，身爲社會人最好還是注意一點。如果是小公司比方說只有五個員工，在這種環境一旦發生什麼問題必須互相幫忙，所以某種程度上變得親密也是很自然的，但是如果工作環境有大量員工和陌生部門，或許還是有必要劃出界線。在十人以上的職場好像也會爭奪職位，最好不要透露太多個人隱私。所以首先，你應該先檢討一下自己和公司的人自然而然熟識後，一起去看場電影就脫口說出祕密的處事方式。

還有，工作夥伴比起私生活的朋友就某種角度而言甚至關係更深入。藉由一起克服重大問題和完成企劃案，有時也可能產生普通朋友沒有的強烈連帶感。

興趣和話題雖然合不來，但一起完成大案子後，會產生類似另一種友情的情誼，我想只要是有工作的人應該都有這種經驗。私下完全不碰面，工作上卻是最佳拍檔。彼此也知道對方工作的習慣，「這人不擅長這個所以我要幫一把」或者「這個交給他處理會更好」，如此相輔相成。其實職場的人際關係這樣就夠了。光是這樣已經很好。就算是爲了珍惜工作的連帶感及因此得到的珍寶也得愼重處理喔。

和同事私下反目的話那是本末倒置。會影響到工作這個大目的。同事之間可以建立另一種有別於私生活朋友的寶貴關係。

最好能夠意識到，同事是牽涉到「自己的經濟」的人際關係。反之，也該注重私生活的朋友是「抽離經濟的關係」。如果問我：「和同事下班也會一起玩，連假日都碰面的人生，眞的幸福嗎？」除非工作環境湊巧特別良好，否則我想還是會感到窒息。

擁有類型豐富的人際關係，生活才會更輕鬆。此外，夫妻也是在經濟上二人合一，是涉及金錢的人際關係。職場同事和夫妻，雖然單位及形成過程都不同，但我想其實幾乎是同樣的意思。反之，私生活的友人和戀人絕對不可涉及金錢糾紛。基於這個前提打造的關係眞的很美。不是說有金錢介入的關係就很髒，有時正因如此反而能夠讓自己更冷靜或更誠實，所以其實也會很豐富。

學校是自己付錢去學習的地方，職場是出賣自己的時間工作賺錢之處。如果能隨時記得那並非結交朋友的場所，我想你的心情應該會更輕鬆。

8

朋友想換工作拖了很久，向我求助：「生活費不夠用，也不想讓父母擔心，能否借個十萬日圓？」那是打從學生時代就很要好的朋友，所以我想幫忙，就借了十萬日圓給他，但那人從此失去消息。被好友這樣開口借錢時，芭娜娜小姐會如何應對呢？

（二十幾歲）

「我不會借錢給你。但是視情況而定，我會給你我能給的錢」這是我的基本方針。比方說，如果對方想借十萬，我會說：「我可以給你一萬塊。」

當然，來借錢的人如果沒那麼熟，我會客氣地拒絕。雖然經常有人找我借錢，但我自己現在還有房貸壓力，所以絕對不會借，而且如果我不確定還不還得起，自己也絕對不會向朋友借錢。借錢被倒債的經驗，我當然也有。這種經驗多了，就會想，「借錢極有可能對朋友的人生不利。」這位發問者如果借給朋友十萬，朋友又向別人借十萬，這樣持續下去，最後那個朋友說不定已經積欠了一百萬以上的債務。隨便答應借錢，有可能是在幫助朋友墮落。如果我是這位發問者，大概會說：「一萬塊的話可以給你，也可以請你吃頓飯，所以希望你再好好重新思考。」

朋友之間若有金錢借貸，從那瞬間就不再是單純的朋友關係，會變成「債主與欠債人」的關係。

這位發問者和來借錢的朋友，等於因爲十萬塊終生喪失長年建立的友誼。金錢借貸就是有可能造成如此嚴重的喪失。那麼如果把十萬換成一千萬就可以嗎？當然不是。問題還是一樣的。不是金額的問題。

你的朋友拿到錢就跑了。這會讓你從此討厭那個人，學生時代的美好回憶也變得不堪回首。累積多年的情感一夕之間徹底歸零，或者轉爲負數——你有面對這種結果也無所謂的覺悟嗎？如果能夠徹底理解這種關係性破壞的風險，那你一定是借錢必還的人。

我想你必然認定對方「肯定會還錢」才會借出十萬塊，結果錢等於白給了，朋友也沒了。借錢給對方的人，想必受到不小的傷害。但是與其繼續憤怒受傷，保持「雖已無法做朋友了，但是也許幾年後那人會突然還錢」的心態在精神上想必更健康。

在我的人生中，到目前爲止只有二人還錢。和我借出的人數相比，少得可笑。但我當初是抱著送錢給那二人的打算，所以迄今都很尊敬全額歸還的二人。因爲他們收入並不多卻還是還錢了。

其中一人是我的女性朋友。她住在國外，苦於沒錢買機票回日本，於是說：「等我回國就打工賺錢立刻還給妳。」後來果真如數歸還。

另一人是男性朋友，我借了三十萬給他，他找到工作之後就一點一滴慢慢還錢。他當時說的那句「如果沒還錢，我就沒臉再見吉本小姐」令我印象深刻。

反之，我也曾被人倒債高達二千三百萬。迄今想起那人還是只有反感。那人是稅務士，假造契約什麼的是看家本領。雖然我在借出鉅款時也相當謹慎，始終小心翼翼，沒想到借據和擔保抵押全是捏造的，我還是被騙了。

那人是我父親的朋友，是父親出面求我借錢給對方。我平時絕對不會借那麼多錢給別人，況且當時也沒那麼多錢，是努力設法才籌到錢借給對方。察覺受騙後，也打了官司，但那人中途潛逃，至今下落不明。對方是高齡人士，所以我已經不生氣了。只覺得他可憐。

周遭眾人往往以爲我很有錢，其實我一直有房貸，並沒有那麼富裕。只是比一般人容易調度金錢。

那個下落不明的人，在我父親年紀輕輕生活不穩定時，曾經免費替他處理稅務，因此我決定就當作是「替父親還債」。我不得不這樣努力給自己心裡一個交代。

另外，二十五年前我也曾借過一百萬日圓給人。那人也是沒還錢就失去聯絡。後來，我得知對方成了活躍的電影製片，看到那人參與的作品，我畢竟也是人，難免還是不痛快。想起對方當初信誓旦旦保證會還錢的模樣，我不禁懷疑，那種人眞的能拍出好電影嗎？

我踏入文壇後作品立刻成了暢銷書。類似「我媽病得快死了，求求妳借錢給我」這樣的說詞，當時每天都會聽到各種人對我說。簡直像是彩劵頭獎得主。那段時期雖然每每疲於應付，但也因此鍛鍊出來了。年輕時就算感覺「此人有點可疑」，也想相信「但他一定沒有那麼壞」。可是事後回顧，會覺得當初果然該相信「此人有點可疑」的直覺。如今我成了歐巴桑，如果感覺這人在搞鬼，我就會直接挑明「你在搞鬼喔」（笑）。或許正是因為當時年輕才渴望相信「但他一定沒有那麼壞……」

基於那種經驗，我最後做出的解答一開始也說過了，「金錢借貸很不好！還不如斟酌情況直接給錢。」就這麼簡單。

不過人真的很可怕，明明是抱著「算我做善事」的心態給的錢，卻始終忘不了。我以為那是自己心甘情願給的錢應該可以拋諸腦後，但那必然會以討厭的方式留下記憶。過去平等的同學關係變得不再平等。金錢就是有這麼強大的力量。

有時也可以採用刻意委託對方工作再給報酬的方法。比方說，「我出一萬塊請你幫我搬家」，盡量以勞動對價的方式，讓彼此心裡不會留下疙瘩。

如果毫無代償地一直拿錢，那個朋友只會越來越沒出息。這位發問者或許還年輕未成家。如果已結婚成家，或者要照顧年邁多病的父母，恐怕遲早會後悔「應該把錢花在心愛的家人身上才對」。因爲日後你會不斷湧現「那十萬塊本來可以帶家人去旅行」、「那十萬塊本來可以讓父母住醫院的單人房」的懊悔。成年人把錢用在家人身上的機會將會越來越多。這點，今後也請審慎考慮。

最後的最後我還是忍不住要說，如果是我，大概會先問此人，「就算一直沒找到新工作，但你身體健康，哪怕去短期打工應該也賺得到這十萬塊吧？」（笑）

9 我無法融入小孩同學的媽媽圈。和托兒所及幼稚園的媽媽該怎麼相處？芭娜娜都是怎麼處理的？

（三十幾歲）

我的年紀本來就和幼稚園的媽媽們差了十歲左右，而且很多媽媽都要上班很忙碌，並非可以頻繁開茶會的環境。我本來以爲不用積極加入媽媽圈也沒關係，但好歹還是交到二個媽媽朋友，有什麼重要聯絡事項時會彼此通知。

正如電視經常報導的，媽媽朋友圈的問題幾乎都是因爲「經濟上的差異」而產生。如果妳本人有「經濟階層不同，當然會產生糾紛」這個認知，不妨加入媽媽圈交流。

比方說，有人花一千五百日圓吃午餐也不以爲意，有人卻無法頻繁參加那種金額的午餐聚會。

所謂的媽媽朋友，經濟能力的差異往往容易直接反映在權力關係的差異。而且人眞的很複雜，如果是「自己工作得到的收入」還不至於心態扭曲，但如果處於「自己不用工作就變成有錢人」的狀況，自尊心就會扭曲，想對周遭人誇耀彼此力量的差距，或者渴望追求權力。這種人大概只能用這種方式表現自我價値吧。那種扭曲也反映在人際關係上，因此產生派系和對立。長大成人後，不可能彼此收入一致，難免就會發生這種問題。

孩子互相交朋友後，雙方家長也會跟著熟識。首先，我認爲不要搞錯這個順序很重要。我從來不覺得沒有媽媽朋友很寂寞。只要自己放鬆心情，態度自然，縱使無法結交足以稱爲媽媽朋友的家長，周遭起碼會出現比較契合、會主動通知學校聯絡事項的家長吧。

因爲兩家的小孩要好於是家長互相打招呼——除非是這樣非常自然的行爲，否則彼此很難親近。聽到自家小孩經常提到「今天和小A一起玩」或「和小A去了某處」，改天見到小A自然會打招呼。進而如果有機會見到小A的爸媽也會打招呼。距離自然會那樣逐漸拉近。我認爲那是最好的方式。

小孩彼此在幼稚園成爲朋友。受邀去對方家裡玩。於是帶點小禮物去打招呼。下次也邀請對方小孩來自家玩。若是這樣自然發展出的人際關係，那已經不只是媽媽朋友。是一般的人際關係。

小孩若是高中生自然另當別論，但幼稚園和小學生的交友關係，成爲一生好友的可能性非常低。不需要刻意在乎媽媽朋友這件事，抱著「這種關係應該只限於現在」的想法，保持將來回想起來「以前兩家孩子要好時常見到某某太太呢」的距離感或許更好？媽媽們彼此的關係，還是保持淡然處之的心態最好。

基本上母親這種角色，從古至今都沒有太大改變。這年頭爲什麼有這麼多人對媽媽朋友的交際應酬感到疲憊，正如我一開始說的，或許還是因爲「經濟的差異」及「本末倒置把小孩放在其次」。

經濟狀況不同，表示價值觀也極有可能不同。即便對方提議「我們去最近熱門的某餐廳吃飯吧」、「我們去某百貨公司逛街吧」、「我們在某太太家辦派對吧」，自己也沒那麼大的興趣更沒有錢，卻不得不加入那個小團體——如果是抱著這種心態加入小團體，當然會感到心理壓力越來越大。

除了「經濟差異」之外，還有「把小孩之間的糾紛直接升級成家長之間的糾紛」這種例子。這二者，都是孩子還小時會發生的典型模式。

當然我並不是說「彼此都是媽媽，所以得畫清界線。保持在點頭寒暄的程度就好，以免捲入糾紛」。每個人各有不同，按照個別情況去思考、對待很重要。無法一概而論說一定要怎樣做。例如，打工兼職的人和沒工作的人，對一天二十四小時的使用方式就不同。或許也有人雖然缺錢卻覺得「和貴婦們在一起超開心」。

至於我自己，沒有爲媽媽朋友的問題煩惱過，大概是因爲我的心態是「我和大家的年齡差了一大截，況且就算沒有媽媽朋友也無所謂」。在這種輕鬆的心態下，好像反而交到了一兩個朋友。

「我不需要朋友」和「即使沒朋友也沒關係」並不同。二者之間的差異其實很大。「沒有也沒關係！」這種輕鬆自在的氛圍會傳達給周遭。會讓大家感受到，那人雖然每次看起來很忙也很少參加聚會，但肯定不是壞人。

在當今的時代，不只是在媽媽圈，也有很多人認定「一定要交到朋友才行」。偶爾用「在這種場合沒朋友也沒關係」的心態去看待或許也不錯。

而且人際關係必然會變遷。想法和住處、工作方式，人的狀況都會改變。鑽牛角尖地執意要「固定人際關係」，恐怕是幾乎所有問題的起源。

10 我在現實生活中沒有能夠互相傾訴真心話的朋友。卻能對素未謀面的網友坦誠吐露煩惱，我想對現實生活中的朋友也敞開心房，請問我該怎麼做？

（十幾歲，二十幾歲）

在匿名交流的網路世界，有人傾聽你的煩惱。若能因此讓心情好轉，我想應該比你向現實生活的人發洩煩悶更好，所以網路上的情感聯繫也很重要。

我以前在自己官網回答粉絲提問的單元也和許多人打過交道，但我不可能連對方的個性及特定習慣都知道，因此無法給予超過一定程度的深入建議。和網友如果不先劃清這種界線，難以繼續良好的交流。

例如，假設有人在網路上傾訴「交不到朋友」。看此人的個人資料，或許會感嘆「這麼好的人怎麼會沒朋友」。但那人交不到朋友的原因，說不定只是因爲「偶爾才洗一次澡所以總是渾身臭烘烘」。這當然是個極端的例子，但人性還有很多面，除非近在身邊否則絕對看不出來。如果只靠網路交流，要連這種隱私都互相理解終究有其侷限。

如果要給煩惱「在現實世界無法坦然表現自我本色」的人建議，我只想說：「至少，先試著對你自己敞開心扉吧」。如果能對自己打開心扉，我想應該會出現可以讓你慢慢展現本色的友人。

不要再和那種明明覺得「朋友講的話題很無聊……」卻欺騙自己「我過得超開心」的人繼續來往。對自己說謊就會招來說謊的朋友，同樣的，對自己敞開心門，就會出現能夠打開心門的友人，就是這麼簡單的法則。

11 朋友為公司的人際關係苦惱，甚至被醫院診斷有憂鬱症，把自己關在老家足不出門。身為友人的我很想幫助他。在朋友的心理狀態出毛病時，芭娜娜會怎麼幫助朋友？

（二十幾歲）

基本上所謂的疾病，在治癒之前必須靜養，所以只能保持「我隨時敞開大門喔」這種開放的狀態等待。至於要如何向當事人表達「隨便你什麼時候來都能見到我」，比方說你可以偶爾發訊息，或在對方身體狀況好的日子立刻去見他，都是這種小事。我不是醫生所以不懂治療，也不是家人，身爲朋友能幫的，我想大概只有盡力表達「你隨時可以找到我」。

這種時候，彼此保持舒適自在的距離感很重要。至於發訊息或直接見面時的重點，就是要像平時一樣接觸。類似「上次我在路上巧遇某某呢～」這樣，保持一如既往的態度。

對方或許會不高興：「我生病已經很痛苦了，憑什麼還得保持以往的態度！」但他遲早會覺得，「當時你能一如既往對待我眞是太好了。」

不過無論朋友生病或健康，我每每在想，「要了無遺憾地和人見面！」那種心態必然會傳達給對方。

到了我這個年齡，漸漸有越來越多的朋友過世，讓我更強烈感受到天有不測風雲，眞的很難說何時會怎樣。當然不是因此就刻意強調「好，一定要把握此刻的見面認眞品味！」就算今天碰面只是東拉西扯閒話家常，那也是了無遺憾的見面方式之一。不管見面時是哪種氣氛，只要能夠意識到「我正和此人見面」，日積月累，當對方罹患憂鬱症時，你應該就不會做出太離譜的應對。

有憂鬱症的朋友心情混亂下，或許會口不擇言出口傷人，但你只要當作「那不是他自己想說的話，是疾病讓他如此」，耐心和他來往就行了。總之在接觸對方時最好記住「朋友現在不是正常狀態」。

至於我自己，勉強說來比起狂躁更接近憂鬱狀態，所以覺得憂鬱症的人更容易接近。我對狂躁症的人激烈使用時間的方式有點招架不住，幾乎刻意不接觸那種人，但我可以陪朋友一起沉默發呆老半天，所以要說個性適合的話，好像比較適合接觸憂鬱症的人。

當我收到朋友的訊息或來電，覺得對方心情相當低落時，我的應對方式，就是盡可能說真話。當然也會視彼此關係在表達方式上做調整。

憂鬱症病人的親友，多少都有點害怕自己的無心之言害得對方自殺該怎麼辦。記得作家森博嗣⑤老師曾在著書提及「自己說出來的真話就算讓別人自殺也無所謂」，看那本書時我感到很痛快。思考到這種地步且誠實表達出來，或許反而能拯救人。

萬一害死對方就麻煩了，還是盡量溫柔一點吧——與其這樣畏懼對方的自殺刻意懷柔，還不如說真話，這樣乍看之下或許冷酷，但我認爲這才是眞正有愛的態度。「我不希望你死」這個意思當然要傳達，但除此之外若能表達自己眞正的想法，就沒有欺騙自己。有時不需要用尖銳的說法，可以用「造成這種狀況的該不會是這個原因？至少我是這麼想」這種委婉的方式傳達建議。

⑤森博嗣：作家，工學博士。任職某國立大學工學部助教授時，利用課餘時間，於一九九六年以《全部成為F》獲得第一屆梅菲斯特獎，從此踏入文壇。之後發表空中騎士系列、S&M系列等小說，以及散文《孤獨的價值》。

12 我把煩惱和幾個朋友商量後，得到的回答不一，不知該參考哪個建議才好，令我很混亂。對於朋友客觀的意見，在取捨時可有訣竅？

首先，你想諮商的問題，我打個比方，會根據你是「我該離婚嗎？」這種抽象的問題，或是「該申請哪種簽證才能用最少的錢去美國？」這種具體的問題而有所不同。

如果是具體的問題，有人會建議你申請學生簽證，也有人說一開始應該先拿觀光簽證，建議各不相同是理所當然。

那麼，如果是「是否該離婚」這種抽象的問題，該如何判斷要參考哪個建議才對呢？首先，要看朋友是否真的設身處地替你的煩惱設想。然後再決定要不要參考對方的建議。這種時候，那個再三提醒讓你感到「耳朵生繭」的朋友給的意見，我認爲最有參考價值。

還有，對方是否和你的人生價值觀及經濟狀況相似也很重要。如果差距太大，說不定對方給的建議對你而言會很不實際。

我給人建議時，會特別注意讓對方即便十年後回想起來也能理解。爲什麼要用這樣的表達方式呢？因爲身在煩惱的漩渦時，往往當下思緒混亂得無法看清問題的本質。

我光靠自己無法釐清思緒時，也會找人商談。我覺得我最信賴的心靈諮商友人，好像也是考慮到我的未來十年才給我建議。我想那大概就是眞正的專家吧。

另外，我和前文提及的森博嗣老師也商談過二次人生問題。森老師說話比我更口無遮攔，甚至讓我覺得我每次給人家的明確建議簡直太溫柔含蓄了（笑）。得到老師率直得令人發抖懷疑「有必要說到這種地步嗎……」的回答，我很震驚，但那每次都是正確解答。我很想向老師道歉：「果然是這樣，眞是不好意思～是我太傻太天眞！」（笑）

我也曾找砦里島的大富豪丸尾大哥⑥商談。每次都感到不可思議的是，做心靈諮商的友人和森老師、丸尾大哥的回答簡直如出一轍。我心懷感激地暗想，他們果然很了解我。如果這三個聰明人說出的意見不同時，我想我會判斷「顯然在我心中尙未釐清煩惱」。

我自己畢竟也是凡人，有時碰上自己的煩惱會產生誤差，失去敏銳的判斷力。自己認眞思考之後，再去找他們三人商量，就會如遭當頭棒喝，當下清醒。

我是那種被人當頭棒喝反而很痛快的人，但也有人並非如此。不過，就算對方當場生氣，或許有一天也會理解：「吉本小姐說的原來是這個意思啊。」

森博嗣老師給建議時一定會先強調「如果是我的話會這麼做」。藉由「如果是我的話……」這個事先聲明，商談者也能冷靜下來思考。並且覺得「這人是個尊重對方決定的人」，於是得以相信自己的決定。

抽象的發問得到一堆五花八門的回答。這種時候，正如前面所言，或許是你心中尚未釐清想法。請自己再想想，檢查一下是否誤解了問題。

⑥ 丸尾孝俊：生於大阪。中學畢業後去招牌店當學徒，之後進入吉本興業事業部，離職自立門戶。在峇厘島憑著全部資金十八萬開始從商，生意急速成長。支援當地人，被大家尊為大哥。著有《富豪哥教你的事》、《出國賺錢成富豪》、《搖錢樹的栽培方式》等書。

13

我的小孩目前就讀小學。當我發現自己的孩子正為班上同學的人際關係煩惱時，身為母親的我是否該介入？我怕自己插手後問題反而會更棘手，又怕放任不管會演變成嚴重的霸凌問題。

（三十幾歲）

基本上我主張「不介入小孩的交友問題」，但有機會時也會告訴我兒子：「如果眞的很痛苦，一定要立刻告訴我喔。」不是等問題發生後才說，是平時就先這麼提醒，之後只能相信孩子，默默等待。

這不是因爲「盲目相信孩子」。而是意味著我相信兒子已經明確收到我給的訊息：「眞有困難時要告訴爸媽。」至於孩子是否會來求助「媽媽，我不行了」，我只能默默祈求。

要建立信賴關係讓孩子面臨最糟的事態時願意向父母求助，可以靠平日的努力。當事態已嚴重時，小孩在混亂下根本無法發出求救信號。因此平日就要盡量打造容易溝通的狀態，讓孩子即便在那種時候也能發出某種信號。

小孩各有各的癖性。掌握自家小孩的癖性，可以更快察覺孩子的危機。比方說，我家小孩習慣故意把發生事件的日期說錯。那有時是不想讓父母擔心，有時大概是不好意思對父母坦白。換言之，當時在孩子的內心，某部分已經被逼得想模糊日期。

這種時候，如果父母單方面質問：「你是故意模糊日期吧？爲什麼要撒謊？」或者一味追究打聽，無法打造保護孩子的安全網。因爲那不是眞正發生危機時能夠讓孩子開口求助的信賴關係。

如果和孩子建立了信賴關係，家長單憑孩子的聲調和表情就能察覺「此事非同小可」。如果問題已經嚴重到家長必須介入，否則無法收拾的情況時，那就只能面對「要不要轉學」的抉擇了。

不過話說回來，如果家長動輒介入孩子的小小煩惱，會妨礙孩子的成長。孩子獨自煩惱也是成長必經的過程。

有時大人覺得「這點小事不是什麼大問題」，但對孩子不見得是小事。當事人自己重視的原則，只有自己才知道，因此很難判斷。不過，唯一不能放棄的就是「父母絕對是父母！」這種心態。這樣孩子就能擁有「最後還可依賴父母」的安全網。不會讓孩子陷入「父母也不能指望，到底該怎麼辦」的狀況。爲此，平時就要建立良好關係，向孩子展示最後的救命繩。

平時不妨多觀察，掌握自家小孩眞的有困難時是什麼樣子。肉體上無法負荷時是什麼感覺。精神上受到打擊時又是什麼感覺。

實際上，我只有一次介入孩子的糾紛。那次學生和家長全體集合，我當著大家的面，直接把該說的話對引起糾紛的那個學生說。我想那孩子應該把我的話聽進去了。當時，我判斷只有大人直接對那孩子說才能解決，因此才發言。

這種糾紛，不是當今這個時代才有，打從以前就有。家長不介入就無法解決的孩子糾紛從以前就有。只是以前家長之間的關係，以及整個地區的連帶感都更強。以前班上同學和家長經常晚上到家裡談話。例如：「我兒子臉上有大片瘀青，我一問之下，原來是和你家孩子打架，我想了解一下詳情可以嗎？」或者，「我來還你家孩子借給我孩子的一千元。眞不好意思。」

現在的孩子不見得是就讀家附近的學校，或也因此容易把事情鬧大，棘手的事件越來越多。

後來，我兒子又發生另一次大糾紛，但那次我沒有直接開口。我只是陪兒子談心，了解事情經過。

家長只能這樣視當時情況去判斷、採取行動。在應對時，時機也相當重要。如果不在該說話的時機貿然開口，有時反而無法順利解決。養小孩真的是每天都在冒險。我只希望不留遺憾。

14

認識多年的男性朋友向我告白了。我一直把他當成好友，所以感覺就像遭到背叛非常衝擊。我認為「和異性也能結為好友」的想法錯了嗎？

（三十幾歲）

我想這位小姐應該不可能沒察覺男性的好感。妳眞的敢斷言自己完全沒有察覺對方的好感，沒有裝傻利用對方這份好感嗎？

我們不可能像安排職位一樣說聲「從今天起做我的好友好嗎？」「好，沒問題！」就建立朋友關係。對這位男性，打從妳冠上「好友」之名時好像就已有點不單純。想必也有只是仗著自己「這是男性好友」的欲求就對人家提出種種任性要求的成分吧。在依賴對方好感的基礎上建立人際關係，等到關係破裂時就責怪對方，我認爲這有點不應該。

我不會全盤否定「只能根據自己的利益建立人際關係」的人。但是如果要照那個方針做，就該有自覺「也可能發生這種關係破裂或不便的情況」。現在才說什麼「覺得遭到背叛很受打擊」似乎有點犯規。

如果妳被眞的很重視的異性好友告白，只要溫和地說「對不起，我無法和你談戀愛」不就好了嗎？

同樣的事情重複，當然只會重複同樣的結果。如果不想再受到這種打擊，想建立眞正的人際關係，不妨先反省一下，自己可曾擺出向對方索求方便的態度。據我推測，與其說受到打擊，其實妳應該是覺得這下子變得很麻煩吧。

即便是同性的朋友，也有同樣把人家當成便利貼的模式。「我的朋友不多，也無人可商量。今後能否這樣定期聽我訴說煩惱？」類似這樣的說詞經常有人對我說。「你毫不猶豫就提出這種要求，可曾考慮過會占用我的時間？你知道我有多忙碌嗎？沒想過這種問題的人，我不認為是朋友。」我總在心中這麼想著斷然拒絕。那是把「好友」定義為「對自己方便的人」才會產生的落差。

對於「和異性是否也能成為好友」這個問題，我認為可以。但是，除非彼此畫出清楚的界線，否則恐怕相當困難。

首先必須理解「男女的成長過程截然不同」，否則不可能產生友情。如果不了解「男性的成長過程」，很容易產生糾紛。如果妳穿著露出乳溝的衣服去見他，或是一再換姿勢交疊雙腿，在他面前流露醉態，男性朋友當然也會開始用另一種眼光看待妳。就算不是喜歡，也可能產生生理的衝動。

男性平時是抱著什麼想法生活，容易為什麼事情受傷，少有女性能夠理解這些。如果仗著朋友關係就不當一回事，往往會在不經意之間傷害到男性。

我也有男性好友，但我毫無幻想。如果他忽然對我說「我喜歡妳」，我會好好說明：「你現在，是因爲這種陷入瓶頸的狀態才會產生這種念頭吧？請不要把矛頭指向我。」如果眞的把他當成重要的好友，就能夠說清楚。

無論哪種人際關係，觀察對方都很重要。雖感到對方的好感，但那種好感屬於哪一類？如果能正確感知，男女之間的友情便會成立，但我們很容易對異性產生幻想，所以實際做起來很難。

異性的友情不可能與同性的友情完全相同的型態成立。如果開車跑長途，多半是男性駕駛，女性坐副駕駛座；去餐廳時男性也會讓女性坐裡面，店員和其他客人基本上也會認定二人是情侶。

以前我常利用某停車場，那裡的警衛就把我僱用的駕駛當成我的丈夫。有一天，我帶著眞正的丈夫和小孩去停車場，警衛大叔還偷偷把我叫過去小聲詢問：「妳到底是和哪個人結婚？」（笑）雖然心裡想著「要你管！」我還是解釋，「你每次看到的那個是司機，今天這個是丈夫」（笑）。

像這樣，我們走在街上就算自認「不是情侶」，周遭還是判斷「這是情侶」，當然會產生與同性友人在一起時不同的意識。光是周遭的眼光不同就已是很大的差別了。

年輕時的我，在男性朋友開始撩妹的十八秒前就已察覺，立刻說要回家，叫男友來接我，或是突然在旁邊拔手指的汗毛做出防禦（笑）。拔手指的汗毛這招非常有效，可以讓對方瞬間完全失去興致喔（笑）。

請再次審視，自己是否眞心把這位男性當成「好友」。如果其實一直對別人漠不關心，即使結婚大概也會覺得「雖然結了婚但總是不滿足」。

15

五年前和好友吵架不歡而散，之後好友自殺了。那是經常一起出遊，也留下許多回憶的朋友。我打從心底後悔自己賭氣不肯和好，未能在好友痛苦的時候給予支持。我該如何熬過飽受罪惡感折磨的日子？

我認爲你不用勉強克服，接受自己要抱著罪惡感活下去的事實就好。雖然很難過，很遺憾，但那不也是友誼的證明嗎？

另外，不要只是自責未能幫助朋友，對方沒考慮自殺的行爲會給周遭帶來什麼傷害顯然也有問題。只要率直地這麼想就行了。

二位的吵架內容我不清楚因此不便評論，但那個朋友若是因爲生你的氣才憤而自殺，那你不妨反思一下會做那種事的人是否眞的對自己有感情，或許你的心情就會改變。當然這個反思也包含今後是否還想和這種人建立友情的疑問。如果對方不是爲了洩憤，那你只能反省是否自己本來可以幫上什麼忙。

就算飽受罪惡感折磨，今後的人生肯定也有一天會讓你感到快樂。也會有一天讓你慶幸現在活著眞好。不用勉強克服，只能抱著罪惡感活下去。

我也有幾個朋友和熟人自殺過世。

某個女性熟人曾經突然來我家，要求我讓她留下過夜。她就是這樣輾轉投靠各個家庭，引發種種糾紛。當時我明確拒絕她：「妳好像只爲自己的方便就想住在我家？我有我想過日子的方式，也有工作。當然我很擔心妳，也希望妳安好，但我不是妳的家人，更何況我們的關係本來就沒那麼親密。妳無權剝奪我的時間。妳有妳的家庭，還是回家比較好。」一個月之後，她自殺了，但我打從心底慶幸當時誠實面對她，拒絕了她。

在我拒絕她之前，她也去過很多朋友家做出同樣的要求。若是學生時代也就算了，問題是她自己已經三十幾歲，她去找的朋友也都是有家庭有事業很忙碌的人。而且她還去投靠同居的情侶，一再破壞人家情侶的關係。她並沒有誘惑男方故意搞破壞，但她在別人家住太久，搞得情侶雙方都很煩惱「這人到底要待多久」，最後忍無可忍，彼此感情都受到影響。然後她就被趕出去。這樣的情形一再重演。

我也知道她恨我當時拒絕收留她。我想她決定自殺時可能還在詛咒拒絕過她的人：「大家都想逼死我！」但我還是眞心慶幸當時明確拒絕了她。

不過，這並非要和對方一決勝負的對抗。我和周遭的人事實上都很擔心她。我們也曾耐心接聽她不斷打來的電話，對她好言相勸。

像那樣，說出自己想說的話，即使對方死了，我還是認爲明確表達想法比較好。既然知道「給不了對方索求的東西」，就不能不告訴對方。

在我前面舉的這個例子中，對方索求的是「收留她一起長期生活」，因此我只能說「很抱歉，我做不到」。這種情況下，做不到就直說做不到很重要。我自認已經盡力對待此人。我誠實地表達想法，也切實傳達希望她好好活下去的期望。我能做的全都做了，因此我毫無罪惡感。

還有另一個朋友，是我以前的中學同學，她在黎明時哭哭啼啼來找我，說她離家出走了。我雖然暗想「搞什麼，一大清早就跑來！」但我完全沒生氣，直接說「那妳睡那張沙發吧」，就這麼收留了她。我們能給予的，也經常會這樣因彼此的關係而改變，所以只要聽從自己誠實的心聲，我想就不會留下悔恨。

是否願意把自家讓那人借住是很生理性的問題。無關道理，請忠於生理反應。就算彼此的誤會沒解開對方就死了，我想那也不是自己的錯。

已經病得無法考慮自殺會給周遭造成什麼傷害的當事人固然痛苦，但二人的友情關係本來就已經不比往常。想必不只是那次吵架，還有許多其他因素讓那人選擇自殺。如果無法抹消罪惡感，那就不用勉強試圖抹消。「抱著罪惡感活下去吧」、「下次如果再發生那種事就這麼做吧」——當你這麼下定決心時，或許會有什麼自內在改變。

16

年近四十的女性朋友向我坦承「正與有婦之夫談不倫戀」。她似乎打算將來和那個男人結婚，但外遇的第三者恐怕很難成為正宮，況且萬一對方的妻子知道了要控告她怎麼辦，所以我很想制止她。這種時候，芭娜娜會怎麼勸朋友？

（三十幾歲女性）

愛情非旁人所能勸阻。基本上我本就不太信任婚姻這個制度本身。

所以我不會叫人停止外遇，但我希望對方先釐清自己的狀況仔細分析。

幾乎所有當小三的女性都會說：「我和他如此相愛，周遭的人卻都想拆散我們。」對此我覺得，「妳是不是搞錯了？」

說來或許是人之常情，小三從聖誕節到正月新年這段漫長的年假好像往往會心情低落。有人選擇獨自出國散心，如果是比較有手段主導關係的人就很容易把外遇延長。不過身為凡人自有七情六慾，很多人在年假期間過得鬱悶，下次約會時就會吵架搞砸氣氛。其實只要冷靜思考就知道把年假的寂寞發洩在男人身上也沒用，但既然是人當然有軟弱之處，幾乎所有的女性都會變成那樣喔。

不倫戀和普通戀愛不同，很辛苦。不愉快也很多，假設我自己年近四十想要生孩子，和那個男人恐怕也很難。若就人生整體來考量，那我姑且給個建議。

不倫，是以性交為中心的交往。日常生活的照顧並非重點，因此一切集中在性愛。

或許是因爲我自己爲家人做家事所以這麼想，但那個男人穿的衣服襪子和內褲全都是他老婆付出勞力去洗淨，折疊，熨燙。如果是和父母同住，那就還要加上他母親付出的勞力。我會告訴友人：我希望妳隨時記得，自己是在和一個享受母親和妻子勞力的男人見面。然後我會問：「這樣的交往眞的好嗎？」

如果是在熱戀期，小三聽到這種話通常會回答：「將來我也想替他打理所有家事。」但就算是俊男美女，肉體關係也遲早會厭倦。密集的話大概三個月。其次是一年，三年，總之不管看誰的例子，不倫戀必然會出現瓶頸期。

碰上瓶頸期，如果在二人之間已培養出將來一同生活的共識，那就可以繼續，如果沒有培養出來就無法繼續。不是女方鬧分手，就是男方回歸家庭，除非二人能掌握分寸保持平衡，否則免不了這二種下場。說得露骨一點，熱戀狀態看到的全是幻想，當那種狀態結束時，看著那個人本身，如果二人之間還能保有什麼，那我認爲繼續交往也行。

我也見過很多情侶，大多數人都是因同樣的問題受挫結束不倫。不倫的魅力不可能持續太久。以戀愛爲起點展開不倫關係，厭倦性交後，去吃飯也興味索然，於是逐漸減少見面頻率，最後男人回歸家庭——這種定型化的模式，不是輕易能夠瓦解的。就跟「小學，中學，高中，大學畢業後進入企業上班」一樣是定型化的套路。

不過偶爾也有人跳脫這種定型化的套路，那種人擁有自己獨特的東西。比方說本身極具魅力，或者想法與眾不同。如果自己也能做到那種地步，想必會有不一般的結果。如果做得到，就算是不倫也可能結婚。更何況已婚的男人和他太太，以前一開始也曾是外人。

我認識的某人，就曾維持長達十年的地下情也沒被男方的妻子發現，最後男方離婚娶了她，成爲企業家夫妻。她同樣也不是普通人。非常聰明，勤奮學習，意志也很堅強。她熱愛自己的工作，也眞心愛著那個男人，歷經漫長時間終於結婚修成正果。她的哪一點讓我感到意志堅強呢？大概是她親口說出「想親自照顧對方到死」，現在也眞的在照顧高齡生病的男人。

要跳脫定型化套路，就需要有這樣的覺悟和勞力。她發揮了百分之百的自我活著。我也知道一些這樣的實例，所以我不會劈頭就說「絕對不能談不倫戀」。

二〇一六年日本演藝圈發生的一連串不倫事件，是尚未明白婚姻意義的人搞出來的不倫，我冷眼旁觀，總覺得那種不倫甚至幼稚得未到達需要責難的程度。

洗衣、煮飯、照顧他的健康都是妻子一手包辦。如果明白這點，小三想必說不出「你快點離婚」這種話。想必也擺不出自己比正宮更高等的態度。那和小孩覺得「媽媽洗衣服是理所當然」一樣，其實是吃人家正宮的豆腐。至少我並不覺得那是成年人真的愛上某人引發的糾紛。

在戀愛剛開始時，就算是好友也無法勸阻。那本就是當事人該負起責任，況且社會指責不倫戀我也覺得是多管閒事。不過這年頭的父母不會教孩子「妳可以談戀愛，但是人家老婆在替他洗衣服喔。還用他的錢買菜做飯喔」、「如果搶別人的東西，遲早自己也會遭到報應喔」這種理所當然的常識，或也因此只能靠社會輿論來指責吧。

搞外遇的男人多半都是抱著「不離婚」的打算，偶爾也有真的愛上小三，努力準備離婚的人。分居超過五年法院就會判斷「夫妻關係破裂」，比較容易打贏離婚官司，所以我也知道有些男人就是看準這點，主動和妻子分居。當男人不惜做出這種舉動時，外遇對象多半是極為特殊又有魅力的人。而且旁人也看得出來彼此是真心相愛。不是肉體的結合，是二人的人格、價值觀、人生目標一致才結合。讓我看了甚至很佩服，「原來也有這樣的不倫。」

戀愛這碼事，一旦彼此確認相愛，絕對無人能夠勸阻。不過，我也聽說過有人無法走下去。那是我認識的一對夫妻，丈夫在外另結新歡，向妻子攤牌表明想和外遇對象結婚，所以要求離婚。妻子當然大受打擊，家中氣氛陷入低潮。但外遇對象當時正忙著考證照非常忙碌，並未答應男人的求婚，只說「等我考完了再來考慮婚事也不遲」。我旁觀事態發展，本以為雙方既然如此相愛應該會結婚，沒想到男方受不了家中的惡劣氣氛，過於執拗地要求外遇對象：「拜託跟我見面，只要一下就好」、「等妳考完了真的會跟我結婚？」最後被外遇對象以「煩死了！妨礙我念書！」為由狠狠甩掉，男人只好乖乖地重回家庭（笑）。連我都嚇一跳：「這種例子可真新奇！」他們的確彼此相愛，不過這也是一種脫離定型化套路的例子。所以說世事無常眞的難以預料。

說到不倫戀我就會想起一本小說。是丹羽文雄老師的長篇作品《山肌》。該作描寫身爲公司常董的男人，與女保險業務員的不倫戀，故事中的男女並未沉溺肉慾，淡淡維持超過二十年的不倫關係。也沒出現什麼情敵，只是平淡度日，毫無羅曼蒂克的趣味，但男女雙方都很優雅，沉靜地替對方著想。像這篇小說這樣的不倫戀大概就會持續很久，問題是一般人大概也不可能做到這樣吧……。

在我的周遭，最後修成正果，或者就算沒結婚也攜手走完餘生的不倫戀，全都有點《山肌》的味道，是懂得珍惜彼此也注重自我人生的情侶。要談不倫戀，或許就得具備不會粗暴處理事情、不會草率的成年人品行。

17

幾年前我退休了。我這輩子只知工作，也沒有在工作場所以外交到朋友。退休後想加入社區活動，於是開始去老人安養院做配膳的志工。另外也以各種方式參加志工活動，但我和那些人不知怎地就是聊不來。期待落空，令我很苦惱。關於老年的交友方法，若有什麼好建議，尚祈賜教。

（六十幾歲男性）

上班族和經營商店的人不同，是離家去上班，所以當然沒有在社區建立人際關係，也不可能突然改變。這位發問者重新交友的期間還很短，退休至今也沒過多久。開始做志工也沒幾天。要把你在公司累積四十年的東西，突然換個地方擁有同樣的深度當然不可能。

如果你有那個抱負要改變老人安養院的氣氛，那麼發展或有不同，但若只是抱著想交朋友的動機去安養院，那工作就太辛苦了。參與志工活動非常棒，所以我想你可以配合自己的步調持續下去。若是你本來就想做的活動，雖然得多花點時間，但在志工服務處交到朋友的機率很高。只要持續去同一個地方，就算交不到朋友也能認識很多人。至少可以建立路上遇到會打招呼的關係。先有那種程度的發展應該就夠了吧。

我以前住的地方，有三個經常迷路的失智老先生和老太太，我也曾一再送他們回家。在路上被他們攔住問「這是哪裡」，定睛一看，他們的拐杖上寫著姓名住址。把他們送回家後，因此認識了他們的家人，下次在路上遇到時，他們會說聲「上次謝謝妳」。這樣就能和本地居民逐漸建立關係。即便是這樣小小的起因，下次見面時也會互相打招呼。更何況你還在當地從事志工活動，想必有很多人都會在路上和你打招呼。日積月累之下自然會拉近彼此關係。

我熟識的九十歲老太太，每週去幾次日間照顧中心，結果那裡的氣氛忽然變得很開朗，在當地贏得好評。連附近居民都說想去。

在那裡，這位最年長的老太太可以讓陰鬱的氣氛倏然開朗。比方說，有位八十歲的老太太抱怨：「以前我婆婆這樣折磨我……」她就會說：「妳怎麼老是提那種老掉牙的往事！」彷彿憑藉她的人生經驗，談笑間，負面話題灰飛煙滅（笑）。據說以前那裡本來也是會互相抱怨「兒媳婦自作主張把我送來這裡眞的很討厭……」的場所。有些人卻能這樣憑著自己的決心改變周遭氛圍。

如果要具體做出建議，比方說一邊做志工，一邊去附近的運動中心你看如何？在運動中心常看到認眞享受運動的老人。不是一開始就抱著「我們做朋友吧！」的目標去熟識，而是在運動過程中隨意閒聊，或者離開時一起喝杯茶。最後也有人發展到對方住院都會天天去探病的深厚友誼。

去的時段一致，或者報名的課程一樣，或許是在自然契機下互相認識的最理想場所。去了當然不可能立刻交到朋友，但是在「請問你能不能教我這臺健身機器怎麼用」這樣的過程中不就自然認識了嗎？

我常去的運動中心，教太極拳的老師是中國人，在班上說自己的日語始終學不好，學生們立刻安排聚餐，「那大家一起吃飯，一邊和老師用日語聊天吧。」

另外運動中心也有三溫暖和按摩浴池，可以閒話家常。其中也有很多「咦？今天只在泳池來回走了一趟呢！（笑）」這種只愛按摩浴池的老先生。待久了自然會記住對方長相，自己也會被人記住。

從運動可以看出一個人的個性。也容易判斷是否投緣。一週頂多見一次，彼此都不清楚對方的私生活，這樣的關係反而不用多想，或許可以交到有趣的朋友。

我父親直到死前都很重視高中時的老同學。交新朋友當然很好，但我認爲試著聯絡老朋友也不錯。只在一個地方努力試圖交朋友或許也是你現在感到沒進展的原因。

如果才剛退休，或許也有「我還想參加社會」的心態。如果用這種心態去見老朋友，說不定對方還會拜託你去兼差。難得有了空閒，無須執著地點，保持好奇心才是重點。

不過，不要爲了增加去處就勉強參加沒興趣的活動，這點也很重要。就算去了沒興趣的地方，和大家也合不來，所以在那裡交不到朋友。如果你喜歡下棋，可以從下棋著手。興趣或嗜好相似，會讓人互相吸引。如果要投注剩下的全部人生，先審視自己究竟想在哪做什麼事或許比較好喔。

18

我本來就不覺得和朋友在一起有多愉快。即使現在上了中學還是覺得和同學講話很無聊。沉浸書本和漫畫的世界時才感到幸福。這些虛擬人物反而更像是我的重要朋友。可是，想到萬一這樣下去無法在現實生活交到朋友……有時也感到不安。

（十幾歲女性）

學校的同學，本來就不是自己主動挑選的團體。即使沒有要好的朋友，我想妳現在應該是和家人同住，不可能完全沒和別人對話，應該不用把問題想得太嚴重。

學校除了讀書之外，不只是學習如何交朋友的場所，也是學習「如何和外人和平相處」的地方。如果能交到朋友當然很幸運，如果沒有志同道合的夥伴那也只是運氣不好，保持這樣的心態就夠了。與其在班上勉強交朋友，在校外和那些能夠分享書籍或漫畫人物的人自然建立關係想必更好。鑽牛角尖的心情放鬆後，說不定在校內也能交到朋友。

我也是從小就被書籍與漫畫拯救的人。只有那種覺得「虛擬人物更眞實」的朋友。我的初戀是漫畫《小鬼Q太郎》的杜倫帕這個超虛擬的人物（笑）。而且我也多次在散文提及，小學時的好友之一，一心想看傍晚播映的卡通，乾脆直接找班導師談判：「我明天加倍打掃，今天値日生請讓我請假。」氣得老師跳腳。總之是個很極端的人。或許正因爲我們理解彼此如此注重虛擬世界的心情，才能立刻結爲好友。

附帶一提，我曾建議好友，「幹嘛去跟老師報告，自己偷偷溜走不就好了。」好友果然開始偷溜。結果隔天又被老師罵得狗血淋頭（笑）。

最近我看太多《探險活寶》這齣卡通，一天有四成時間都在思考那齣卡通：「現實世界要是有老皮就好了……」藉此逃避現實（笑）。

就連成年人都可以有這樣的動漫阿宅，所以我認爲青春期就算更重視小說漫畫也不要緊。因爲那正是培養想像力的時期。

我中學不幸被分到合不來的班級，一整年都沒在班上交到朋友。周遭的女同學每到下課時間就開始拿電燙棒捲頭髮，總之就是氣場不合。

放學後他們也會非常溫柔地邀我去家裡玩，但他們一直在化妝弄頭髮好無聊（笑）。我甚至很驚訝，居然有這麼合不來的世界。

基本上，那個年代的中學生還沒有踏入社會，人際關係只限於住家附近。因爲世界非常狹小，所以沒有志同道合的夥伴毋寧是理所當然。現在這個時代有網路，可以和興趣相同的人在網路上對話。交網友當然也有必須謹慎的部分，但這個煩惱大可不必如此悲觀。我認爲好處更多。

我是個創作者，無論卡通或漫畫、小說，「這是成年人創作的呢」這點格外令我感動。比起虛擬世界，我更喜歡創作虛擬世界的人。比方說那部精彩的電影《玩具總動員》，也是一群成年人認眞創作的動畫。我個人更好奇的是那些成年人是怎麼想出這麼精彩的虛擬世界。當然故事本身也很療癒，但比起虛擬人物，毋寧是創作者的存在更能撫慰人心。

既然喜歡看書看漫畫，那就盡情去看吧。喜歡電玩遊戲的人，遊戲就是你的朋友。也許妳會對RPG（角色扮演遊戲）的主角和伙伴們移情，或者衷心敬佩遊戲創作者「能做出來眞是太厲害了」，或者在線上遊戲和別人一起玩，由此得到慰藉。這年頭有各種選擇。可以自然而然地認識興趣相投的人。

但願妳今後能夠認識可以分享喜好的人。如果是同樣喜歡同一個虛擬人物的人，應該可以立刻結爲好友，所以請不用太擔心。

19

我有一個大學時代結交的姊妹淘。即便我們步入社會後也會互相商談工作或吐苦水。她已結婚生子。而我年近四十仍然單身也沒有男友。她要工作還得忙著帶小孩，最近見面機會自然越來越少。日前久別重逢，我感覺好像有點聊不來。總覺得自己被拋棄，已經無法回到以前的關係。

（三十幾歲女性）

時光飛逝，無法回到過去。這是無可奈何的事。

首先我從這個問題感到的是，發問者似乎撇開朋友滿腦子只想著自己。那樣當然無法維繫友情。「一邊工作還要帶孩子真辛苦」才是真正對朋友該有的關懷，如果只知質問對方冷落了妳，我想對方會比妳更困擾。

撇開「好友」或「夥伴」這個話題不談，有一本「本地閨密就是這樣喔」的象徵性漫畫。是山本佐保的《獻給岡崎》。

作者山本小姐描寫她從小學到成年，和岡崎這個閨密之間的回憶及可笑的事件，二人都是那種眞的令人很沒輒、很可愛的廢材所以很好笑，但厲害的是彼此都很關心對方，也能夠接納對方的本來面目。雖然粗枝大葉卻很珍惜，其中自有無可取代的友情。

不是那種久別重逢會在對話中互相刺探的關係。更加豪放隨意。

所以這位發問者，並非對方的生活方式改變所以友情也跟著冷卻，恐怕其實是妳根本沒那麼喜歡對方吧？如果眞的是喜歡的朋友，不是該說「眞辛苦，要工作還要帶小孩，一定忙得分身乏術。但是無法像以前那樣見面怪想妳的。

等妳的小孩大一點了我們再見面吧」？我記得在我生完孩子同時兼顧工作的那段時期，同樣也沒時間和人見面，朋友都變少了。

這是我個人的友情觀，各人想法或許各有不同，但我認爲「去朋友的房間，可以懶散躺臥，或者直接開口要飲料的關係」才叫做友情。先說聲「打擾了」，進屋後正襟危坐的關係，對老街長大的我而言不是朋友，那只是熟人。

可以在對方房間隨意躺臥的朋友，一生之中並不多。要建立那樣的關係需要時間，而且還得有「彼此超喜歡對方」這個大前提。

我認爲泛泛之交的朋友多半不是必須的。步入社會後偶爾與高中同學或大學同學一起旅行時，我甚至會產生疑問：「我現在到底在幹麼？這段時間算什麼？」那讓我徹底明白和並不親近的人去旅行是怎麼一回事。還不如爲了寫作去採訪旅行，至少目的相同，更能產生親近感。

相約，碰面，進餐廳。互相報告近況，言不及義地就這麼聊到最後一班電車的時間急忙去搭車回家。會忍不住想吶喊：「這種形式化的朋友算什麼？簡直莫名其妙！」

《獻給岡崎》中的山本佐保，剛上高中時就有這種格格不入之感很苦惱。那段情節太好笑，讓我心有戚戚焉：「我懂！」——「○○同學眞可愛」、「哪有，××同學妳才可愛咧」、「絕對是○○妳更可愛可以去當明星~」——山本佐保應付不了這種不斷互相讚美的無限循環，去就讀別校的岡崎家打電動遊戲找到慰藉的模樣，就好像在看昔日的我自己。山本佐保和我的友情觀似乎非常相似。

像我這種在老街的龍潭虎穴長大的人，往往會覺得高中的人際關係很溫吞。看到朋友突然哭著跑來說「我離家出走了」，我們會直接說：「唉，眞麻煩。妳去麥當勞睡啦。」如此不留情面的世界就是老街。

在外面睡也麻煩所以只好收容對方，但我們會直接警告對方：「趕緊睡覺，絕對不能講話喔！」所以完全不會有虛僞的客套對話。也不會出現「妳爸媽會不會很擔心？我不能未經父母許可就擅自收留妳，對不起喔」這樣的對話。

就算有同學嚎啕大哭說：「我好像不是我爸親生的孩子！」，在老街那種環境，大家也只會哈哈大笑說：「少扯了，妳跟妳爸明明長得一模一樣！」當事人都哭了，我們眞的很過分（笑）。八成是她爸媽吵架時，隨口騙小孩說「妳不是妳爸的孩子」吧。周遭也都很了解這點。

當然我也是經過同樣的鍛鍊，所以不需要表面的溫柔。這些人雖然講話難聽，內心卻很重視我，這也是從小就有經驗才能明白的事。

不過，雖然會在朋友家懶散躺臥或直接開口要飲料，卻不會擅自打開朋友家的冰箱。這種分寸的拿捏也是維持友情的重要因素。或許可以說，是保持某種程度的品格耍懶散？如果搞錯其中分寸，還是無法當朋友。（對了，我記得在我小時候，那是不鎖家門是常識的年代，有些男生會擅自打開別人家的冰箱吃吃喝喝，那如果仔細想想其實已經是小偷了！）

比方說我出席派對或頒獎典禮、晚宴時，和鄰座的人當然會客套地對話，但那也是工作的一部分，所以我完全不排斥。可我決定私生活盡量不這麼做。這就是我的價值觀，或許也有人認爲，「唯有藉由客套對話才能夠和人輕鬆見面。並不想要更進一步的人際關係。」這種人的存在當然沒問題，但我和這種人接觸，永遠不可能親近，而且感覺毫無意外性非常無聊。

在我們嬰兒時期、小學、高中、進入社會時，和父母的相處方式及距離感都會隨著年齡變化。但是親子之間一直有愛，這點不會變。同樣的，縱使朋友步入另一個人生階段，二人之間還是得有愛才能維持關係。關係的核心就是「愛」。缺愛的狀況下，就算一直說想要、想要，八成也孕育不出什麼名堂。

請在自己內心找到「愛」。

20

我和職場某些女同事們常在一起。不是我喜歡她們，而是因為不想在職場顯得格格不入只好加入那個小團體。我會和她們一起吃午餐，如果她們邀我下班去喝酒我也會去。最近那個小團體經常說同事的壞話，我聽得很不舒服，正在考慮要脫離那個小團體，或是保持適當距離，但是一旦加入了好像很難再拉開距離。這種時候，有什麼好方法可以和她們保持距離嗎？（三十幾歲女性）

我在前面的回答也提過，公司不是交友的場所。首先，我想再次強調這點。

另外一點，就是妳或許也該思考有妳在反而讓小團體的人多麼不開心。說不定他們還在想，「那個人每次都悶悶不樂，用那種不屑的眼光看我們，眞是夠了。」請稍微思考一下彼此半斤八兩的可能性。

小團體或許也只是礙於情面才邀請妳。與其板著臉勉強去喝酒，或許還不如明快拒絕：「今天有事我要先走。」就算再怎麼討厭、看不順眼的人，也要換個角度站在對方的立場想一想。通常人就是因爲沒有換個角度替別人想才會忍不住發牢騷。

即使小團體的人是眞的喜歡妳才邀妳喝酒，妳帶著滿腹牢騷勉強參加也很失禮。因爲對方和妳一樣都是人。如果想脫離那個團體，就要學會委婉拒絕的技巧。學校和公司不就是用來學習這種人際交往的場所嗎？

我的兒時玩伴之中，有人說話向來直來直往。她會直接說：「我認爲講同事的壞話不好。失陪了！」掉頭直接走人。周遭都很傷腦筋，「撂下那種話就走會讓場面很尷尬，拜託饒了我們吧……」她那種行爲已經不是誠實與否的問題，成了大家眼中的問題兒童。就因爲她的直來直往，和許多人發生糾紛，在職場也遭到排擠。我看她這樣有時會覺得，誠實固然是美德，但她對人的態度好像也有問題。替人設想的同時委婉拒絕也是成年人必須的技巧。

不過，一旦加入某個團體的確很難脫離。我也曾經不想再參加某個團體，刻意不識相地直接挑明。用長達四十行的訊息說明我的缺席原因，我想那些人看了大概一輩子都不想再邀請我。

那個團體的聚會常常讓我覺得是在浪費時間，而且用「今天有事要先走」、「嗯，下次吧」這種藉口都不管用，無法輕易擺脫，所以我只好反過來採取貫徹自我主張討人嫌的手段。有時如果不那樣做會引起更大的風波，所以我想還是要看當時情況而定。

在另一個團體，我用「三人以上一起吃飯會讓話題分散我不喜歡」爲由推拒，逗得來約我的帶頭者在電話那頭噗哧笑出來（笑）。

在那些例子，我多少有點強詞奪理地堅持自我主張，但那是設身處地想過對方立場後採取的行動。我的結論是，「大家都開心的聚會，我一個人覺得無聊對人家也不好。還是偶爾去一下就好。」

妳公司的人也在浪費講人家壞話的時間，所以我覺得雙方該各打五十大板，與其抱怨，還是尋找對自己和他人都愉快的第三條路吧。

21

芭娜娜小姐以前說過，「人的外表決定一切。」芭娜娜想交朋友、覺得值得信賴的人又是什麼樣的外表呢？如果有什麼共通點請告訴我。

與其說外表決定一切，或許該說，我信賴那種外表如實表現出內在的人。

反之，我害怕的是那種從外表難以判別內在的人。雖然服裝普通，卻無法預測想法的人很可怕。這種人無論面臨什麼局面似乎都不痛不癢，讓人捉摸不透。這或許是我自己才懂的形容方式或感覺，總之我害怕感覺「溫吞」的人。

我最常注意的五官，是眼睛。眼睛似乎會流露人的眞性情。

我學會用外表判斷人，大概是因爲我看過太多人。從二十幾歲就閱人無數，但當時好像純粹只是在收集資料，所以判斷力或許還不高。不過，最後結果往往如我所料。

例如有人介紹戀人給我認識，說「這是我的新女友」，我暗忖，「唉，這二人過個一年就會在某某問題出現價值觀的差異，引起爭執分手吧。」最後多半果眞如我所料。我是作家，因此隨時都想觀察稀奇的、超乎想像的東西，但現在面相資料收集過多，預測太準確簡直像算命師（笑）。

「此人八成會中途翻臉吧……」這種表裡不一的人我還猜得滿準的，但偶爾也會驚訝：「沒想到他會是做出這種事的人！」這種時候，我會覺得很新鮮：「原來這世上還有未知的世界啊。」反而會很感動人性的深奧，還有待學習。

我常和某位朋友一起去某家居酒屋，有一次，那個朋友突然上了那家居酒屋的黑名單。我沒有單獨去過，每次都是和那個朋友一起去。店裡的人也知道我的職業，常客大叔偶爾還會請我喝酒，是很熟的店。

日前我約朋友一起去那家居酒屋喝酒，結果朋友說：「前不久那家店禁止我進入。我也不知道原因。」我聽了大吃一驚。

據說某天朋友很早就去那家居酒屋，店內一個客人也沒有，他問店員：「我只喝一杯就走可以嗎？」店員拒絕：「今天說什麼都不行。」朋友以爲是待會有團體客來包場，又說：「等團體客一來我就走，我只喝十分鐘。」但店員還是堅持：「不行，沒辦法。」從此據說一直對他很冷漠。我猜八成是因爲什麼無憑無據的謠言造成的誤會……。

從此，聽說即使在路上偶遇，對方也不會跟他打招呼。朋友百思不解。他並沒有喝醉鬧事給店裡添過麻煩。我倆最後一次去喝酒時，店員也是和以往一樣說：「有空再來喔。」「好，下次再來，晚安。」就這樣和平地交談結帳離開。

我很想一個人去店裡問清楚。朋友雖被禁止進入，但有沒有連我也遭到禁止都不確定。這件事讓我感到人真的很可怕。那家居酒屋的人給我的印象很爽朗，完全看不出會對人差別待遇，我不禁想，眞意外，原來也會有這種事。

還有一起事件。是我住在某鄉下的朋友，突然被很要好的小團體宣告「今後不會再見你」，據說隨信附帶退還朋友本來放在對方家裡的東西。不是金錢糾紛，他自己也完全想不出所以然。雙方交情好到可以把隨身物品放在對方家，他只能嘆息太遺憾。我和送還物品的小團體及被送還物品的人都有見面，壓根沒料到雙方竟會在那種情況下結束關係。他們看起來眞的很契合，可見還有太多我不懂的，必須繼續觀察這個世界——這就是現在的我做出的結論。

這二個故事，我並不是直接受害人。但，我間接收集到「人生也可能發生這種事」的資料。這種資料的累積，想必可以幫助我今後避開危險。例如「對了，當時他的眼神很可怕」，這種細節想到的越多就越能幫上忙。

判斷人性的能力光靠閱讀得不到，唯有在現實社會邂逅各種人，與人接觸，有時遭受慘痛的教訓才能鍛鍊出來。

我信賴的夥伴，都是只能用太好懂來形容的人。想法完全寫在臉上。那樣更輕鬆。我不想和必須探究才能了解的人來往。因爲人生並沒有那麼長。

22

新學年開始，重新分班後我交到新朋友。她的個性積極，和其他中學的人也能立刻結為朋友，很擅長社交，也很有領導魅力。嚴格說來算是比較文靜內向的我，看到她那種天馬行空難以預料的行動就很興奮，和她在一起很刺激，讓我的個性好像也變得相當開放。但我媽警告我「最好別跟那女孩玩」。被母親阻止和朋友來往讓我大受打擊。

（十幾歲女性，中學生）

妳還是中學生，所以好像把很多事混爲一談。好友個性積極，和妳自己變得開放，以及妳與母親的溝通，這都是不同的問題。但妳把這些混爲一談，所以讓問題變得複雜。

妳母親或許是對女兒的突然改變有所不滿。這是成長必經之過程，沒辦法。重要的是妳得多花點時間向母親說明妳到底喜歡好友的哪一點。但妳正值青春期，大概不願那麼做。

不管有沒有被母親阻止，自己想見的人就去見，如果因此受傷也只能自己受傷。說不定妳母親是很好的人，已經明確感到「這種情況下，女兒絕對會受傷」所以才提醒妳。妳母親從小一直看妳長大，所以她的判斷也很可能是正確的。因此如果妳能和母親好好商量「就算受傷，至少現在我想和她做朋友」那是最好的。

我媽曾經很討厭我小學至中學時代的好友。大概有二年時間吧，看著好友來我家時表現的誠實，我媽才逐漸理解。

那個好友的父親，事業有時很成功，也曾破產半夜落跑，或者別的事業一帆風順住進豪華公寓，狀況每次都不同。我媽似乎很擔心這點，特地警告我：「她是鑰匙兒童，和妳過去的玩伴類型好像也有點不同？」我也很震驚，耐心向我媽解釋：「雖說如此，但她本人非常能幹踏實喔。」從豪宅到二坪多的破舊公寓，無論在哪都能照樣生活的好友讓我覺得很偉大，也很尊敬。

我爸也很尊敬她。我還記得我爸和我還有好友有次一起去旅行，回程在爆滿的電車上，我爸看到她毫無埋怨耐心站著的模樣，曾說「那孩子了不起」。我並不是只採納父親的意見不甩母親。只是在我心中很確定「這個朋友是正派人」，所以才能毫不猶豫地繼續交往。

我自己也是個母親，關於自家小孩和他的朋友，也會擔心：「兒子和這個朋友遲早會鬧翻吧？」我猜測那孩子和我兒子在一起遲早會受傷離去。和這個發問者的問題正好相反讓我有點悲傷（笑）。

結果果然如我所料，兒子和朋友吵架了。我早就料到遲早會鬧翻，看到二人的距離越來越近眞的很心疼。正因爲無能爲力，旁觀才會更難過。

我兒子天性開朗。那種個性會如何傷害細膩敏感的人，我根據自己的經驗已經看過太多例子。雖然我一天到晚寫這種晦暗的小說，而且調性基本上多半偏憂鬱，但是我其實個性開朗。

我兒子的個性比我還開朗。他的朋友非常敏感，即便是一點小事也會在意，那孩子在意的事情如果我兒子說：「這有什麼大不了？」光是這樣恐怕就會讓那孩子很受傷。

現在問題解決我姑且安心了。雖是困難的問題，但這種困難正是人生，無可奈何。

我只告訴兒子，「不管怎樣，絕對不能爲了敷衍帶過而說謊喔。」千萬不要說「我再也不會說」之類的謊話。個性開朗的人，絕對會自然而然又說出同樣的話。最好用「我想盡可能維持關係，但我這種脾氣很難改」這樣的說法告訴對方。

妳也可能逐漸討厭那個個性積極的朋友。現在雖然覺得她很有魅力，但也許哪天會萌生「我無法再配合這種遊戲」，或是另外交到文靜的朋友狀況隨之改變。中學時代正是一切都會改變的時候。不要全部混爲一談當成「一個困擾」，請先把問題釐清。

23

我有個朋友被嚴厲的雙親教養長大。他總是被拿來和其他兄弟姊妹比較，據說從小就被批評「你什麼都不會，真沒用」。在我看來，那個人無論外表或內在都很出色，但父母的批評成了強烈的詛咒，讓他總是否定自我，偶爾甚至會情緒不穩。身為好友，我希望讓朋友產生自信，您覺得可能嗎？

（二十幾歲）

我認爲這個例子比較極端，但大家多多少少都受到父母的負面影響。如果當事人能夠掌握自己未受影響的部分在哪裡，必然會改變現實。

所以發問者在日常生活中要幫助那人釐清心緒，擁有正確的自我形象，才能擺脫父母的束縛。不是正經八百的「今天我會好好聽你傾訴。先開會一小時吧！」而是用「雖然你偶爾會有那種行爲，但你只是被父母批評太多，其實應該並不是那樣吧」的方式，在自然的對話中替朋友建立新的形象。只要努力去自然傳達，我想對方也會有所成長。

況且二十幾歲還年輕，比方說你們二人吃冰時，提到「我媽說冰淇淋對身體不好不准我吃」，如果你說：「我們都已經超過二十歲了，只要自己對行爲負責就好，和父母無關。」對方或許會認同說：「也對喔……」。不過，幾乎所有人碰上這種場合都會反駁：「話雖如此……」這正是人的「習性」。

所以你要不斷告訴對方，長大成人已可自由選擇。例如你可以提醒他：「以你現在的生活，眞有必要那樣想嗎？」諸如此類，當你具體感到他的言行舉止被父母的批評束縛時就立刻提醒他，這會很有效。沒做什麼時，就算突然告訴對方「你受到父母影響太深」，對方也不會有切實感受。其實只要在那人的習性稍微流露的瞬間，自然地提醒對方：「你應該可以放下那種束縛了吧？」這不是心理諮商，是親近的朋友才能做到的。不必基於想讓朋友產生自信這種大義名分，請用朋友才能做到的自然態度對他說話。

方法有很多。如果朋友是被父母批評「個性和長相都不起眼，還是穿黑白色調就好」所以不敢打扮，你可以陪他一起去買衣服，建議他選擇色彩明亮的衣服。等他試穿後，讚美他這身打扮「特別適合」。在他生日送給他亮色系的服裝，請求他「至少下次和我見面時穿這件衣服來」。

如果朋友在意的是被拿來和兄弟姊妹比較，你可以告訴他，「在我看來你哥也沒那麼厲害。總是給人一種緊張感，有點難以接近，還是跟你在一起更自在，特別開心。」能夠這樣比任何人都自然地說出對方的優點，我想也是「好友心理諮商」的優勢。這樣累積久了就能讓對方產生自信。

還有，當朋友說「自己真的很沒用」時，如果是我，可能當下會讓對方冷靜，告訴他：「你怎麼會沒用，況且照你這麼說，和你玩得這麼開心的我豈不是等於和廢物廝混，對我或對你自己都有點失禮吧？」

在我周遭，有很多人隨著年紀增長心靈也越發自由。在脫離父母建立自己生活的過程中，他們察覺「父母雖是如此，但我自有我的類型」因此改變。周遭的人如果支持他們的改變，他們就會變得更有自我風格。

父母帶給孩子的影響力，真的強得可怕。我自己當了母親之後深深有所感，父母的一個想法就可以隨意控制孩子。所以當你今後爲人父母時，也請好好觀察孩子與生俱來的本質。無關父母的期望，從小細心觀察自然能看出「天生是個什麼樣的人」。孩子的天性，就算不合乎父母的意圖也沒辦法。做父母的只能去認同。

我兒子屬於那種無法一次做很多事的人。一旦熱衷某件事就顧不了其他，不想做的事絕對不做。不想做的甚至連挑戰一下都沒想過，這點從他嬰兒時期我就已經深有所感。

只要是做母親的，我想大概都知道。會用更客觀的視線觀察他作爲「一個人」而非「自家孩子」是什麼類型。這樣看來，我兒子從小就正常喝正常吃。雖是小嬰兒也不會每隔兩小時就吵著喝奶。另外，時間越晚他就越有精神。他現在上了中學還是這樣，一到深夜就活力十足。身爲母親雖也常想「晚上就該睡覺」，但我還是留心盡量不去掰正他。

因爲這種習性是他與生俱來的。孩子的天性不能因父母的願望或方便而改變。雖然很困難，但我認爲這是養育孩子必須注重的重點。

自我肯定感較低的人，會在各種狀況否定自我。就算告訴對方「你不是沒用的傢伙喔」、「那件衣服非常適合你」、「或許有點不健康，但冰淇淋很好吃喔」，他往往也會反駁「可是我爸媽說……」，但是當那人獨處心情低落時，還是會想起好友對他說過的話，漸漸有所改變。所以就算你鼓勵他時，得到的回應不大，那些話也會在他心裡留下印記，即使被他反駁也不用在意。請對你的朋友保持那樣的態度和距離感。

另外，不要說違心之論來鼓勵對方也很重要。心理諮商手冊經常教人「要努力讚美自我否定的人」，但是最好不要對這類方法囫圇吞棗做過頭。如果太刻意，和朋友的關係只會出現裂痕。不用每次見面就狂讚「你好棒喔」。如果每次見面都讚美對方，對方或許會很高興，但如果哪天你忘了說，一整天都沒誇獎他一次，他可能會很沮喪：「奇怪，朋友今天都沒誇我棒……」長遠看來我認爲這樣並不好。只有眞心覺得他很棒時，再對他說出你眞正的感覺吧。

另一點要注意的，就是當事人認爲「自己眞沒用……」時，我們往往會說：「你這種想法不對，太沒自信了。」這樣會給對方帶來太多否定的能量。

如果眞心關懷朋友，肯定不會用那種態度吧。

既然過了二十歲，就該自己創造人生。那才是長大成人。

反之，擺脫不了父母陰影的人，也請稍微回想一下，當你眞正沮喪時朋友說過的好話。眞心眞意的言詞，會那樣長留人們心中。說的人和聽的人，雙方都會留在心中。

24

最近正和朋友認真討論，打算二人合開公司。是平面設計公司。對方是學生時代就志同道合的友人，所以我很期待並肩共事，但我覺得正因為是朋友，有時反而無法說出不滿或有所顧忌，因此造成心理壓力。也怕為了工作的方向意見不合時，會讓友情產生裂痕。想請教芭娜娜，和朋友共事時有什麼該注意的重點。（三十幾歲男性）

這個問題，和結婚的主題非常相似。結婚不只是「相愛的二人共同生活建立家庭」，也代表「二人的關係會有金錢介入」。各位或許還沒從這個角度看待婚姻，但那其實也是婚姻重要的一面。換言之，二人合一，必須一起考慮經濟。即使夫妻倆各有收入各自開銷，一旦結婚必然會共有一個存錢筒。

和朋友合開公司也一樣。如果只是抱著「每天都能夠在公司見到好友，各種想法和意見也更容易開口，而且還能賺錢，眞好」的想法，要當成生意繼續下去恐怕很困難。

從朋友關係變成金錢介入的關係，和從情侶關係變成夫妻一樣不容易，如果二人都有這樣明確的認知，成功的機率比較高。今後和只是做朋友一起玩耍互相鼓勵的關係不同，包括金錢問題在內，最好趁現在講清楚。如果意見不同，我想大概會覺得「還是像過去一樣各做各的工作算了」。

和朋友合夥創業的人，幾乎都敗在金錢或嫉妒的問題。少有成功的例子。通常在開公司前的籌備階段就知道哪個部分可能產生糾紛。

從戀愛到結婚，從友情轉爲事業夥伴時，或許只看見夢想的部分。當然有夢想也很重要，但是如果仔細想想「和過去的關係究竟有何改變」，問題還是在錢。如果無法針對這個新增加的因素講清楚，彼此要繼續下去很困難。

這樣商談時，如果還有一個扮演監察角色的第三者在場會更容易成功。如果不便雇用社員，找客戶或合作方的人也行，有這樣一個可以對二人提出正當評價和意見的人，應該會更順利。彼此都是平面設計師，容易產生嫉妒。如何讓第三者參與就變得很重要。如果一個是設計師另一個負責會計和業務，那倒是沒問題。

二個電腦宅男創辦的「蘋果公司」爲何能夠做大，想必就是因爲二人的性格正好相反。賈伯斯是那種各部門問題一手抓的能人，沃茲尼克則是只要能做自己喜歡的東西拿到某種程度的錢就心滿意足，什麼麻煩問題最好都別告訴他的典型工程師。所以才能二人三腳地把事業發展起來。如果二人是同樣類型說不定就很難。

還有，如果只有其中一人專心工作，說不定還是會心生嫉妒。如果工作夥伴能夠坦率說出「你現在專門負責設計的案子，我就負責會計和總務」便可合作無間，可惜往往做不到這樣。不過，如果動輒嫉妒，那本來就不是公司。公司只能為創造利益而存在。如果無法誠心說出「你成了當紅設計師，公司也穩定了，真是太好了」恐怕就前途多難。

還有，二人各自接到案子時，發揮各自的特色做設計也行，但若是以公司名義接案，二人就必須能夠以同樣品質製作出同樣的成品。只要決定好打出公司招牌的設計品味，確保一定品質，提案競標時，二人各自的設計加上公司的設計，總共可以提出三個方案。

我是小說家，也是事務所的經營者，雇用員工時會面試。基本上我打從出道時就一直堅持雇用「不是我的粉絲」的人。雖也有幾人例外，但我不會把重要職務交給那種人。如果我的粉絲當我的祕書，我等於是在和員工互相注視的狀態下工作。既然要共事，我和員工的視線必須對著社會。如果我們彼此大眼瞪小眼，那是同好會。待在封閉的世界無法發展工作。

我這裡有個事業失敗的例子：投資某公司的人，不知怎地當起投資對象的司機，我說，「那樣太奇怪了，你還是別當司機吧。」但那人說，「我喜歡開車所以沒關係。」可問題是那根本不是重點。後來他們的事業果然出問題。這是理所當然。在那家公司讓出資者當司機的那一刻，身爲經營者就已經out了。因爲除此之外，經營者肯定還會做出很多不合理、容易產生心結的判斷。

開公司時，必須和稅務士商談，還得辦理登記手續。在進行這種現實作業和籌備的階段，就會發現彼此在意識上的差異。

開公司本身只要按照程序來其實很簡單，要把公司維持下去卻很難。而且公司要收掉時也很麻煩。萬事皆如此，起頭容易收尾難。和婚姻一樣。如果能夠認清對方是否直到公司收掉都會陪著一起負責任，那就沒問題。還有就是除了彼此的優點也要掌握缺點，懂得寬容，這也很重要。

25

三十幾歲的好友正與癌症病魔格鬥。要承認這個事實很痛苦，但聽她的家人說已經無望康復。她自己在眾人面前雖然表現得很開朗，但這種時候，身為好友該用什麼態度與對方相處？我只希望能稍微減緩她的痛苦。

（三十幾歲）

隨著年齡增長，我去探病的機會越來越多，甚至已成爲家常便飯。我們能做的恐怕也只有配合對方的身體狀況，態度尋常地去看她。另外，也要考慮病人的個性。因爲也有很多人並不想讓人看到在病房的模樣。

這年頭就算住院也可以傳訊息或利用LINE。我會先問對方：「妳通常大概什麼時候會覺得閒著很無聊？」然後在那個時間傳訊息。要去探病時也會事先以訊息確認，「我現在正好來到附近，可以去醫院看妳嗎？」因爲對方這時或許很希望有人去看她。如果對方回答：「今天很睏一直在睡覺。」那我就會立刻回家。

我有個女性朋友罹癌過世了。當時我偶爾也會去探病，但她並未表現出「已對死亡有覺悟」。不過，也沒有覺得自己一定會好的感覺，她看起來似乎不太願意去想生死問題。

我看過太多病人，總覺得生病必然和那人有相關原因。除非病人自己改變那個原因，否則還會以別的形式出問題。

至於生病的原因，幾乎都是「生活習慣，思考模式，遺傳基因」這三個理所當然的因素。如果父母有糖尿病，自己也極有可能罹患糖尿病必須小心，除了遺傳因素，生活習慣和思考模式肯定也是原因。當然還要顧及和朋友的關係及距離感所以無法一概而論，但即使知道要改正那個原因很難，身爲朋友還是想客觀建議對方試著改正。剩下的就是病人自己的選擇，我們無能爲力。

朋友精神好的時候可以一起去按摩，吃飯，隨時臨機應變配合對方的身體狀況，這點很重要。當然也要根據對方的個性變換應對方式，無法斷言一定要怎樣才是正確解答。

不過，如果發現那人特有的壞習慣，還是直接告訴對方「你就是有這種習慣才會生病」比較好。比方說，可以告訴對方，「你爲什麼這時候還不休息非要胡來？」當然畢竟那是病人自己的人生，周遭的人除了支持，什麼都不能做。頂多只能提醒他自己難以察覺與生病有關的習慣，和他見面聊天，發發訊息。

說到我那個女性朋友，從以前睡眠時間就異樣地少。我想一定是身體吃不消那種生活吧。我身爲友人也曾多次提醒：「妳的睡眠時間眞的太少了。」但那是她長年養成的習慣，直到最後都沒改。

她的兒時成長環境嚴苛，不得不隨時繃緊神經躲避危險，就這麼長大成人。一直繃緊神經甚至面臨生命危險的人，要放鬆很難，需要時間。明知該讓生活放輕鬆，個性卻注定她非要選擇困難的路走。比方說明知婆婆嚴厲還要嫁過去。我覺得她就是身體跟不上那種習慣和行為模式才會四十幾歲就走了。無論工作或家庭，她都要衝到底才甘心。她太努力了。

我對某件事印象深刻，當時她已經動不了，在病房忽然說想坐起來。我勸她還是算了，但她不聽，非要起來，起來一坐到椅子上立刻說：「我不行了……」就這麼又睡著了。這個小故事充分表現出她的個性。英年早逝雖然遺憾，但她在工作方面已實現夢想，她也貫徹事事努力的美學和生活方式直到最後，所以我想應該算是了無遺憾的人生。

如果我住院，我大概不希望太多人來探病。不是不想讓朋友看見自己的病容，只是想專心看我想看的書，好好度過自己的時間，就像受傷的動物靜靜舔舐傷口。不要因爲朋友生病住院就突然頻繁去見朋友改變角色，這也是一種親切。有時保持過去的關係和距離，也是對病人的體貼。

我想妳的朋友可能有一天會突然寄來感覺走投無路的訊息。比方說「今天整天都在嘔吐」或「頭很痛明天要緊急入院」。就算收到那種訊息也不可太驚慌，要一如既往，淡定溫柔地相待。

忍不住擔心過度，逾越原本的關係，這是人之常情。不過還是要注意分寸，保持冷靜。切勿因爲擔心就一再傳訊息或頻頻跑去見對方。

我想那也是一種關切的重要方式。

26

我感覺「男人的友情」和「女人的友情」大不同。女人相較於男人更容易迅速成為朋友，但女人的友情看起來也非常淺薄。給我的印象就是「廣而淺」。男人的友情則相反，看似「窄而深」。當然我也知道不能一概而論，但是對於男女友情的差異，您有何感受？（三十幾歲男性）

如果要先說我多年來感受到的大原則，那就是男人熱愛好兄弟，女人熱愛姊妹淘。但是如果只有其中一方太無趣，所以這世上才有男與女，對吧？不然人口也不會增加（笑）。

我認為男人的友情比女人的友情看起來更自然，印象中也比較沒有既定的形式。會這麼想，是因為看過太多男人一旦確立友情後，即便很誇張的事也能接受。就算突然跑來家裡拜託收留一晚，男人通常也會答應對方，可是女人如果這樣拜託好姊妹，氣氛就會變得很微妙。如此看來，男人的友情似乎不像女人那樣斤斤計較、各種算計。而且男人的友情，會流露出對彼此的喜愛。女人可不會那樣露骨且毫無防備地表現喜愛。

女人之間的友情，好處是有男人不懂的細心體貼。例如照顧病人時會懂得：「妳討厭穿人造纖維的襪子吧？我買了別種材質的。」也不會在探病時捧著太大束的鮮花。懂得這些細節，是女人的優點。

女人的確只要稍有好感就會立刻交換聯絡方式，或是加臉書好友，社交性或許比較高。男人之間不會立刻親近。雖然慎重，但是一旦變成朋友好像就會成為死黨。若是女人，就算成為臉書好友，之後也可能偷偷封鎖，有時挺殘酷的（笑）。

當然女人也有交情深厚並不淺薄的人。能夠形成這種關係，是因爲彼此讓對方看見了自己的缺點。如果看見煩躁發脾氣的場面或這種情緒控管上的缺點，即便是女人之間也能加深信賴關係。

偶爾看到男人之間深厚的友情，我發現他們彼此不會勉強對方，無論何時見面都不會口出惡言。例如我認識一位西塔琴演奏者和他的關西朋友，這對搭檔感情融洽，上次當事人不在場時，他的朋友說：「西塔琴多半已經聽膩了，唯獨那傢伙彈奏的西塔琴越聽越有魅力呢。」（笑）。他的朋友總是那樣在背後也誇獎他。讓我有點羨慕。

有時去沓里島的大富豪丸尾大哥家，或是去櫻井章一會長的雀鬼會，大哥和會長雖然不會在言語之間強調與成員的信賴關係，但任誰看了都能感到這些男人彼此心意相通。他們絕對不會說「我們很要好」，卻能讓人感到他們誠實信賴的關係。

反之，女性往往不會讓人看見這個部分。感覺上比較想做得滴水不漏，圓滑收場。但男人的這種感情，就算旁人看了也能清楚理解。甚至會覺得那已經是相思相愛了。

經常在婚禮上看到新郎的好哥兒們嚎啕大哭。我每次看到都會特別感觸，男人之間的友情真是熾熱啊（笑）。

27

我有個相交二十年的好友，但現在絕交了。在我打算和某人共創新事業時，好友曾忠告：「那人不可信任。這個事業肯定會失敗。還是趁現在收手比較好。」我聽了很生氣，話趕話之下大吵一架。就此冷戰一年。而我的事業也的確如她所忠告的垮掉了。如今回想，我發現她的建議多半很準確。我很想向她道歉，但她的忠告一再被我漠視，我想她肯定已不會再原諒我。

（四十幾歲女性）

「妳的勸告沒錯，我的事業才一年就垮了。今後我想眞心誠意聽妳的意見。對不起。」首先妳何不這樣向她道歉？

不過，自己的人生到頭來只能自己決定。就算被人勸阻事業也不生氣，虛心聽從別人的建議，自己做決定——我想妳就是因爲這樣的態度不夠才會出問題。妳說朋友的建議通常很準確，可見她應該是個能夠客觀看待妳的益友，但是把人生的抉擇交給別人決定太奇怪了。況且講難聽一點，當妳聽了朋友的建議生氣時，妳顯然就已經不適合創業了。

我也曾好心忠告友人卻惹惱對方，因此和多年好友發生齟齬。當時我察覺她被我們都認識的某人利用，所以提出忠告，結果鬧得關係彆扭。那是牽涉金錢的問題，所以我也不可能不說出想法……雖然始終沒有完全絕交，但這個誤解持續了二年之久。

有一次，我倆在自然的機緣下單獨去喝酒，她求證當時的事實，向我道歉：「二年前很抱歉。我終於明白妳說的話。對不起。」我也說：「當時我可能也潔癖太重了，請妳別放在心上。」彼此各退一步握手言和。至於那個我們都認識的熟人，雖非無惡不作的壞人，但光是活著就會不知不覺誘惑人，叫人捉摸不透，所以需要一段時間才能發現眞相。

如果我和那人站在同樣立場，或許也會做出同樣的事。那人的事業不順，收入減少，讓親朋好友定期購買他們公司的產品。靠這樣維持事業，可我一說「這個月我不能買」，那人就非常委屈地把我當成壞人講給其他女性朋友聽。

我知道那人經濟有困難，也想幫忙，但當時我也籌不出太多現金。我也有我的生活，當然有權利拒絕。事實上不只是我，買產品的其他朋友也對那人有同樣感想，或是出現不太好的結果。不過如今那人下了種種功夫已經讓事業上了軌道，眞是太好了。

我和好友有三十年交情。我們重修舊好一起喝酒時，我忽然覺得，二人之間有所謂的「身體語言」。不是光靠言詞重修舊好，是二人的體內還累積過去共度的龐大時光。正因爲曾經共度如此漫長的時光，才能立刻重拾原來的感覺。

你們也有二十年的交情，或許彼此也有共通的身體語言。

我不認爲朋友就可以肆無忌憚地什麼事都插嘴建議。基本上，如果對方不問，我不會主動說出意見。除非人家來徵求我的意見，我才會誠實說出想法。如果覺得那個事業絕對不會成功，我就會直說。如果我猜錯了，事業非常成功，那我會老實道歉。這個一點也不難。如果別人問我，我只能照實說：「我喜歡妳，也很珍惜妳這個朋友，但我覺得妳今後要開始的事業可能會因某原因失敗。」我也經常說出意見和建議後，搞得彼此氣氛尷尬，事後對方道歉一百次：「吉本小姐說的果然是對的，對不起！」但那種人肯定會再次把建議當成耳邊風自行行動（笑）。不過，那個人的人生只有他自己能決定，沒關係。我只是不想讓自己留下有話沒說的後悔。

我也在很多場合得到長輩或前輩的寬容。他們雖然想著「芭娜娜的這點如果能改進明明會更好……」卻還是願意與我來往。我就這樣在大家的寬容下走過自己的人生，因此也想對人寬容。就算朋友的事業失敗了，如果是我，大概也會說：「那是你自己心甘情願的，有何不可。」我不會嚴厲指責，寧可寬容以待。這位發問者的朋友，應該也是希望妳避開不好的事態才提出忠告，被問及意見時還是誠實回答比較好。如果是我，光聽到朋友說要和某人開公司，我不會立刻阻止。我會說：「這樣啊，那妳加油。」但是，如果朋友問我：「和那人合夥創業，妳覺得如何？」我會誠實說出想法。

28

去年是我的人際關係巨變的一年。過去要好的朋友突然感覺聊不來，就此疏遠，也和某人因為小小的價值觀差異發生爭執就此大吵一架分手。這一年分手的次數太多，所以我正在自我分析到底是什麼原因，能否學到什麼教訓。芭娜娜過去可有人際關係在短期內劇變的經驗？很想知道您從中學到或發現了什麼。（四十幾歲女性）

人際關係巨變時，或許也是自己大幅改變時。比方說，拿東西給別人時本來都是笑著，從某一刻起忽然不再含笑拿給別人。僅僅只是這種程度，就會改變人際關係和人生走向。所以人生或許總是把自己的變化或存在方式反映在周邊世界吧。光是正常活著，也會不斷出現變化，這就是人生。如果在某個時期一下子全盤改變，何不當成人生階段大幅改變的時期就好。

我和某個做過朋友的人，在對待動物的方式上有很大的分歧。當我察覺這點時，就無法繼續和對方見面了。如果在路上巧遇當然還是會打招呼，但對方即使邀我吃飯，我也無法再去赴約。是生理上做不到。

我從小就養過很多動物，照顧生病的動物，直到牠們嚥下最後一口氣。和我的想法正好相反的人，就算我勉強可以保持禮貌性的來往，對自己和對方其實都不好。「雖然很喜歡你，但你對待動物的方式我實在無法苟同，所以無法再繼續跟你見面」——我用明信片誠實寫出想法寄給對方。

這個例子是個性不合之前的問題，但在自己的人生，卻是守護珍視事物的必要行爲。反之，當然也有別人主動表示「你我價値觀不同」主動和我絕交的例子。

以下這個例子和朋友關係稍有不同，日前，以前一起共事的人辦了一個類似同學會的活動。大家都很優秀出色，但我強烈感到「現在的我，已經無法和以前的這群人共事」。以前大家的個性都很強，很難達成一致。現在這些人都變得圓滑了，反而會想起往昔，所以才產生這種感覺吧。到底以前在挑戰什麼是個謎（笑）。附帶一提，現在大家感情還是很好，會一起去喝酒。

而且正因如此也讓我感到自己成長了。大家也在新的職場各自成長，所以若是現在的大家和現在的我，還是可以共事。可是現在的我和過去的大家，絕對無法共事。經過歲月洗禮後再次重逢，有時就會有這種發現。

就我個人的人生經驗而言，如果隱約覺得好像有什麼不對卻視而不見放著不管，有時也會爆發人際關係的大掃除，所以我想，還是盡量不要大掃除比較好。

29

我在四十五、六歲時從都市移居鄉下。因為丈夫繼承了家業。之前一直住在東京，可以觀賞電影和舞臺劇，也有興趣相同的朋友。如今和本地人及鄰居的來往密切，讓我很頭痛。在這種地方該怎麼結交新朋友讓我很苦惱。（四十幾歲女性）

首先，關於電影和戲劇，就算住在外縣市的人也會努力來東京觀賞，所以我想應該不是太大問題。

演唱會上，主唱經常會問觀眾，「今天有人遠道而來嗎？」這時必然有人說「我從北海道來！」或「我來自上海！」當然和住在東京的人比起來，的確無法隨時隨地想去就去，但如果是「絕對要看」的演唱會或舞臺劇，事先訂旅館去東京待個兩天一夜，除非經濟不允許否則應該不難。

關於這點，用不著現在就放棄。就算家附近沒有電影院，現在也有可以盡情看電影或戲劇的衛星頻道或網站，即使移居外縣市還是可以隨時接觸文化活動。

不過，如果沒小孩，不妨把離婚也納入選項之內再好好審視是否能協助丈夫繼承家業。如果實在無法在當地繼續生活，只要認真考慮該如何選擇，必然會有清晰的答案。如果是因爲沒孩子很寂寞，或許偶爾也能幫鄰居帶帶小孩。

大家似乎都苦惱「想交朋友」的孤獨感，但若是有工作的成年人，其實沒那麼多時間和朋友見面。能夠定期見面的好友，恐怕寥寥無幾吧？如果是社會人士，絕大部分時間幾乎都是和鄰居、同事、客戶度過。即便如此還能特地約時間一起吃飯的人，恐怕三個月頂多見一次吧？

我以前在湘南買房子，總覺得舉手投足都被人監視，爲了和鄰居的相處吃了苦頭。大家都是好人，如果提醒我什麼，我也會從善如流，所以並沒有起過糾紛，但當地有很強烈的意識不希望生活習慣與眾不同的人住那裡，所以我覺得要繼續住下去會很累。幸好那只是週末度假的房子。

那房子現在租給朋友了。他說：「我都沒和附近居民打招呼喔。被當成沒禮貌的討厭鬼更輕鬆！」我心想還有這一招，簡直跌破眼鏡（笑）。他本來不是那種個性，但被人三不五時念叨「樹枝要修剪一下嘛」或「昨晚大半夜還聽到你家的聲音」，他說他忽然人格驟變，「被人這樣嘮叨時，我就以白眼瞪回去！」快把我笑死了（笑）。無關好壞，想到原來也有這種生活方式，我好像又學到了一課（笑）。

住久了不管在幹什麼都會被鄰居發現，這點在我從小生長的老街亦然。我現在不住在從小生長的千駄木，住在下北澤，但是老街長大的我總覺得世田谷區的居民很冷漠。住久了老實說有時也覺得不好受。幸好現在對面住著好朋友。而且，正因爲此地的鄰居關係淡泊，有時反而能和小商店的人們深入交流。

當然老街也有老街的麻煩，每天都像在開商工會的會議，或者被拉去參加廟會祭典不得不敲大鼓（笑）。因爲我知道，那種邀請絕對推拒不了。

最近疲於都市繁忙的年輕人好像開始憧憬鄉村生活，但鄉下生活其實也是另一種辛苦。認清到底哪種辛苦更適合自己很重要。要遷居陌生土地，如果沒有一定的覺悟會很難。

我是因爲好幾個朋友都住在湘南，才會下定決心在當地買房子。我有個很強悍的姊妹淘獨自移居夏威夷，但我做不到。在當地深夜開車可能眼前會突然有鹿穿越馬路。如果是我，可能已經嚇哭了。萬一深夜開車撞到鹿，我想我也絕對沒辦法獨自把鹿抬到路旁。這個例子或許比較極端，但在鄉下會發生很多都市不會發生的大自然狀況。我個人是完全不打算去習慣那種事情。

反之，想必也有很多人因爲地震之類的問題從鄉下移居都市，卻無法適應都市生活。不過，就連在東京土生土長的我，都深深感覺不適應現在的東京。人們的冷漠，或是店面三天兩頭換人經營，心情實在跟不上。東京是個彷彿只能被當作工作場所的城市。以日新月異的速度不斷變化。

還有，商業空間的奇怪規矩不斷產生也讓我難以接受。比方說居酒屋限時只能待二小時，或者單身女客人禁止入店，這些規定都讓我覺得莫名其妙。

這種規定不知不覺被擅自採用，逐漸變得理所當然，而且大家欣然接受，令我有種違和感。如果我本來就打算只待二小時，偶爾也會去那種店，可是菜還沒上齊就突然被店員通知「客人太多所以從現在起消費時間只限二小時」，或者「時間快到了，請問還要點菜嗎」，這種狀況我眞的無法適應。所以我想，從鄉下遷居東京的人無法適應也是難免的吧。那種冷漠何曾讓人輕鬆自在？

總之自己必須先了解自己。哪一點與眾不同，哪一點無法配合。

發問者不是基於自己的意願，而是配合家庭狀況不得不離開住慣的地方，想必很難過，但鄉下的人際關係密切是理所當然。這點，如果將之視爲「夫家工作的一環」應該會逐漸適應吧。在這個例子中，和鄰居打交道就某種角度而言也是在拉生意。如果想到今後要靠夫家這份工作維持生計，或許就可以開朗地客觀看待。

還有，婚姻也是一種經濟活動。端視妳能以多麼長遠的目光接受。

30

我在三十歲出頭和上班族結婚，也生了孩子，得以建立雖平凡卻很幸福的家庭。我的父母在我成年獨立時離婚，算是中年離婚。但我希望將來即使小孩獨立後也能做一對恩愛夫妻。為此，我認為有必要和丈夫保持好友的關係。請問我該如何和配偶建立好友般的關係？芭娜娜和伴侶是這種好友關係嗎？

（三十幾歲女性）

首先，我認爲這世上應該沒有「覺得」「要成爲好友般的夫妻」就能做到的。希望有，這是人之常情，但人與人的關係，並非妳想怎樣就能怎樣。

但是模糊感到「這個方向或許是對的」，於是花時間讓夫妻之間擁有同樣的願景，這倒是有可能。

這世上也有許多夫妻希望永遠維持男女關係。爲了保持男女這個定位，不惜引入第三者，或是去奇怪的派對交換伴侶，我就知道很多情侶寧可這樣做也要維持男女關係。

那是與我無關的世界，所以我只是站得遠遠地旁觀，但若是注重這種性愛方面的伴侶，就算長年一起生活恐怕也不可能成爲好友般的夫妻。

我想發問者夢想的，大概是像某個壽險廣告那樣，將來能夠老夫婦手牽手在公園散步。只要二人的生活感契合，遲早應該會實現，但一時之間恐怕很困難。

恕我又要說句露骨話，婚姻是共有經濟的關係。這點切不可忘。在共有經濟的關係上，孩子或雙方的父母這種共有項目會增加。因應增加的項目，關係性也會緩緩加深。

講難聽一點，婚姻正因爲是基於利害結合，所以關係才牢固。例如「這人萬一死了自己會走投無路」或「正因爲有兩個人才能住進這裡」——基於同樣利害的立場可以看見更多東西。就這角度而言，若說夫婦也是好友的一種形式倒也不算錯。

日前，我和從義大利長期來日本出差的女性見面，她說：「我這樣長期不在家，我老公一定又會花大錢亂買東西，所以我很擔心這次回去的下場。」實際上等她回到義大利，據說果眞發現家裡換了一臺新冰箱。而且打開冰箱一看，裡面塞滿丈夫愛吃的高級水蜜桃，丈夫還得意洋洋說：「怎樣，看到沒有！」（笑）

她本來還夢想著將來換冰箱時，「買這臺的話蔬果室的空間有這麼大，可是另外那臺好像也不錯……」所以眞的很失望。「算了啦，妳老公其實很可愛，妳要笑著原諒他。」周遭都這麼勸她，但她說她就是笑不出來。發生這種狀況時，不是只有某一方妥協，雙方都得退讓一步，這點或許是維持夫婦關係的重點。

我和兒子大概是類似好友的關係。不只因爲「這是自己的孩子」，也因爲我們本就個性契合。

但我和丈夫個性南轅北轍，需要種種努力。不得不花心思讓同居的空間更圓滑。

我是那種不太喜歡家裡有電器的人。不是爲了省電，是因爲電器維護起來太麻煩所以不想買太多。但我丈夫超愛方便的電器，動輒購買新電器。

我家動物多，容易有臭味，所以我打掃時會把窗戶和陽臺的落地窗打開，而我丈夫說這樣蚊子會飛進來並不希望打開門窗，但他還是忍著。可是還是會被蚊蟲叮咬受不了！於是他想出的辦法，就是購買捕蚊器。

「我買了一臺超棒的消音型捕蚊燈。」他說著打開，結果就像機甲戰士登場，機器開始發出「叭哩叭哩，劈哩劈哩，咻——」的噪音，全家人晚上都被吵得睡不著（笑）。看來似乎是瑕疵品於是拿去退貨，結果他又買了一臺更巨大、足以裝設在車庫的捕蚊燈回來……。

我認為把那個捕蚊燈放在玄關門口是最好的解決方法，但他放在他自己的房間（笑）。這時退讓接受「算了，反正那是他的房間」很重要。

如果彼此眞心厭惡這種個性上的差異，遲早有一方會離家出走。和人同住時需要非常微妙地拿捏箇中分寸保持平衡。

我有個女性朋友和年紀小她一大截的男友同居時，她說「他什麼都不做，也沒和別人一起生活過」，於是在冰箱門上貼了非常詳細的家務分攤表。我看了暗忖，「這樣肯定會分手。」果然如我所料分手了。

家務分攤如果是自然形成的還好，但是如果被強迫做什麼必然會產生厭惡。這點無論男女皆然。

「回家之後，就得做那些貼在冰箱門上的家務嗎……」男人這麼一想，自然不想回家，而擬定那張家務分攤表的她，肯定也會開始認爲，「啊，他今天又沒有做表上該做的家務！」所以不需要這樣，可以更大而化之一點。比方說一星期之內能夠把家務做完就好。

以這對同居情侶的狀況，如果她比較不會做家事，讓男友來幫忙，或許有更圓滿的結果。說她不會做，當然也不是完全放棄做家事，只要說「抱歉，今早我快遲到了，拜託你去丟垃圾」就好。然後等回家後，就像誇獎小狗一樣再三強調：「謝謝你今早幫我丟垃圾！你眞是太厲害了！」如果不做到這種地步，不是自家人的異性恐怕不會懂。

在我周遭，也有很多小孩長大獨立後就離婚的夫妻。不過選擇更溫和的方式沒離婚的夫妻更多。他們沒有登記離婚，而是某一方在附近租房子搬出去住。到了吃飯時間不時會碰面，吃完再各自回家。

這或許也是讓關係長久的祕訣。家內分居或某一方搬到附近住的夫婦形式也不錯。

我爸媽自某個時期就開始家內分居。我爸早睡早起，我媽卻是夜貓子。生活節奏完全合不來，雙方都無法再忍受，於是從某個時期開始各住各的房間，按照各自的步調過生活，結果氣氛反而比以前更好。彼此看不順眼的地方，除非是致命性的厭惡，否則遲早會習慣。

這世上有很多夫婦其中一方老想著「雖然想離婚，但還是忍到孩子長大成人我再離家吧」，可我覺得如果真有那種念頭，無論什麼時候離婚，結果都是一樣的。不管小孩怎樣，忍耐的時間還是越短越好。

對孩子而言，家中氣氛惡劣比爸媽離家更痛苦。如果問孩子，他們當然會要求爸媽不要離開，但如果眞的愛自己的孩子，與其讓孩子生活在氣氛惡劣的家中浪費人生，還不如爽快分居，告訴孩子「爸爸的家和媽媽的家都隨你自由來去」，我想這樣孩子會更幸福。

就算我的孩子將來長大自立開始獨居，我的生活大概也不會有太大改變。我丈夫也因爲工作關係一年有一半的時間在美國，我好像一年之中也有半年在臺灣。我不認爲夫婦會因此感情破裂。光是想到又要和另一個人從頭開始，配合彼此的步調調適生活，我就會毛骨悚然。我好不容易才累積到今天！我想這也是彼此不想離婚的要因之一。努力堅持到這種心情的產生也很重要。

說來理所當然，但與人同住，無論是同性異性或親子，都一樣需要努力。

只要彼此努力，雖不知會變成何種形式，但是當小孩長大離巢，只剩下夫婦二人時，必然會有某種成果。只有到那時才會知道是以什麼形式結出果實。

至於我們夫婦，現在已經到了看臉色就知道對方心情好壞。這也是共度的歲月累積出的成果之一。

其實是遺傳基因強烈散發出「自己想這樣」的訊息。如果腦子能夠不那麼堅持「非要像好友一樣」搞得彼此綁手綁腳，在那方面能夠靈活應對或大而化之地輕鬆看待，或許不知不覺你們眞的能成爲像好友一樣的夫婦喔。

31

朋友突然停止社團活動後，因此被班上同學視為叛徒，受到霸凌。不是把她的東西藏起來，就是對她視而不見，或者上課時傳紙條寫她的壞話，對她的霸凌一天比一天過分。我想救朋友，又怕自己也變成霸凌對象。（十幾歲女性，中學生）

這和羽海野千花老師的漫畫《三月的獅子》描繪的狀況很像呢。我怕爆雷在此就不詳述故事內容了，但我當時看了之後，對於這本漫畫中描繪的霸凌曾想過，「如果是朋友，我大概也會這麼做。」而且我認爲，當今的校園霸凌非常陰險狠毒所以眞的很可憐。

這位發問者似乎爲了想幫助遭到霸凌的朋友很苦惱，但是妳也得保護自己，所以我認爲表面上還是不要做出回應比較好。如果是我的話，大概會寫信發訊息，或者放學後再見面，私底下偷偷鼓勵那個朋友。

還有，是否要和老師商談霸凌也要視情況做判斷。基本上無法期待老師的介入能夠解決霸凌問題。也有可能反而讓霸凌變本加厲，必須愼重判斷。

比方說，若是撕破課本這種程度的霸凌，必須花錢重新買課本，所以這時或許可以告訴大人。或者把破掉的課本拿給老師看。

但我想霸凌應該不會持續太久。所以暫時休學三個月左右，再判斷能不能回到學校也是一個辦法。

另外，也可以在校外場所充實度過。如果去上才藝班，和才藝班的同學相處愉快，便可客觀看待「在校時間淡然處之即可」。

到了青春期，就算沒有霸凌問題，也會出現想獨處的人。有人下課時間不和同學嬉鬧，一直在看書或打毛線。那也是一種存在方式，認清在學校就是學習知識或做自己事情的時間。而且如果在校外才藝班能夠和眞正志同道合的人交流，說不定也不會那麼在意霸凌了。

我也曾是引人注目的怪咖，小學時被女生當中的老大欺負得很慘。例如上音樂課時，大家一起演奏樂器，我如果彈錯音，那個女生就會一直用手指著我，每天都纏著我搞這些小手段。那不是集體霸凌，應該算是個人攻擊。

我已經想不起來被攻擊的起因，我猜大概是那個女生看到她喜歡的男生親密地和我說話之類常見的小事。她似乎非常討厭我，甚至在家附近的牆上大大寫上我的姓名和壞話。

另外，中學時我也差點被別人欺負。那個人搞了一個小團體，所以有點難纏。

不過畢竟是老街的中學生，做不出什麼了不得的攻擊。頂多是向我謊報約定時間，害我去了集合場地看不到半個人。等我回家後，隔天卻又生氣地罵我爽約，類似這樣的欺負方式。

最後，是那人的奶奶察覺霸凌的跡象主動介入。奶奶把大家都叫到客廳坐下，責罵那群欺負我的同學：「不准再做這種事！」霸凌就此結束。當時的老街，小孩都在父母或奶奶的視線範圍內玩耍，因此小孩一旦有什麼不對勁，大人就會以壓倒性的力量介入。當時那群女孩不僅攻擊我一人，也開始攻擊我周遭的朋友，所以幸好奶奶及時救了我。那是美好的時代。就像《三月的獅子》中的爺爺。

在我的學生時代還允許越區就讀，轉校並不算特別。經常也有人因爲「想好好用功，所以越區進入升學率更好的中學」這種霸凌以外的理由轉學。所以就算轉學了，也沒必要當成認輸了或逃跑。只不過是和那個環境不合罷了。

當事人自己或許也有被霸凌的原因，所以這位發問者如果是眞正的朋友，或許可以提醒對方，「下次別做這種事比較好喔。」

但不管怎麼受欺負，目前爲止我還沒聽說有誰一個幫手都沒有。比方說就算在高中遭到霸凌，住家附近至少也有正常來往的朋友。有住家附近的朋友一起玩，去上學純粹只是去學習，這樣的人其實並不少。

也有些霸凌帶有暴力因素，因此要根據情況去判斷，還挺困難的。我想多半得耐心多花點時間才能夠解決。

如果妳想幫朋友卻連自己都會成爲霸凌目標，那我覺得不如換個學校吧。把時間耗在轉移霸凌目標上太浪費。因爲中學時代也是非常寶貴的人生時光。

32

走訪過各國的芭娜娜，會覺得在國內外的交友方式有很大差異嗎？您認為和日本朋友交往的好處及困擾是什麼？很想知道您是否認為「日本要是也有某種氛圍該多好」。

我沒在國外定居過所以其實不太清楚，不過，比方說和巴黎人接觸吧，有時會有點寂寞。他們說聲再見就頭也不回地走了，是真的毫不留戀。那種見面方式，會感覺的確對「赴約」這個行爲有所自覺。

我因工作關係見到的法國人多半氣質比較偏日本人，不過如果在巴黎定居，老街長大的我大概還是會寂寞吧。

而且我每次很驚訝的，就是歐洲人如果收到禮物，有時會說「抱歉，我用不著，還是還給您。請送給別人。您的好意我心領了」，然後客氣地把禮物退還。雖然不是退給我，但這樣的場面我見過很多次，每次都被他們明確的「不要就是不要」這種態度給嚇到。

當然也有人一律照單全收，而且就算是退還的人也會極盡言詞解釋，感覺並沒有那麼失禮，但這種事日本人絕對做不出來。

儘管對方會詳細解釋「我有我的想法，我拒用皮革製品因此無法使用，很抱歉」，但管你是上司還是天王老子，不收就可以選擇不收，這點還是讓身爲日本人的我大受衝擊。雖然這種明確的態度有時是好事但也有時恐怕未必。

在歐美，有「與人共度的時光要開心」這個不成文的默契，所以相處愉快。若是日本人，有些人參加聚會始終不發一語，讓人很想問：「你今天到底是來幹麼的？」這樣的確有點難相處。如果彼此不拿出愉快共度的心態，終究還是無法打造愉快的時光。

在正式場合的最低禮貌和舉止，我們並不像歐美人那樣明確。日本沒有多樣化的人種，或許在社交上反而比較被動。

日本人嘴上常說「一期一會⑦」，但是與人見面時其實並沒有當真「一期一會」，這種感覺常常讓我很不適應。

一起吃過一次飯，就好像變成「今後都要一直做好朋友喔」。說不定今後再也不會見面，除非特別約定也可能好幾年都見不到，但日本人完全沒這種概念，我覺得這點很特殊。

⑦一期一會：一生僅此一次的相會，因此彼此都要用誠意來對待。

或許是因爲我只是旅途造訪，我和外國的人就算愉快共度後說再見時，也不會說「那我們下次幾月幾日幾點見」。日本人就不一樣。好像立刻就有定期聚會的義務，立刻會追問你：「下次要幾月見面？」

尤其是女校畢業的人或許特別常見這種情形，例如才藝班下課一定要大家一起去吃飯之類的規矩。我只加入可以隨時自由離開的團體，但我覺得日本好像太多這種規矩了。

大概是日本人不擅長和人交往，所以才喜歡把慶生會或姐妹會搞得像社團活動一樣定期化吧。

一旦定期化，下次理所當然要再見面的感覺太強烈，反而會忽略「此時此刻」。這樣好像受到束縛，所以我是不參加的，或許其實有很多日本人跟我一樣都覺得這是一種負擔？

33

朋友任職於要求高額業績、壓榨員工的黑心企業，令我非常擔心。他經常加班甚至假日也上班，我怕他這樣下去恐怕有害身心健康也會破壞生活。芭娜娜小姐的身邊也有過勞垮掉的朋友嗎？請問我該怎麼幫助朋友？（三十幾歲男性）

世間有各種職業，也有各種辛苦的工作現場。某業務員曾說：「連續遇上應酬時，我都把別人替我斟的酒偷偷倒在坐墊上假裝乾杯。」如果能夠想出那樣的躲酒招術，在工作中找到樂趣，這種人即便在那個職場也撐得下去。

就我所知，其實有很多公司只要你努力拗一下，意外能夠得到許多休假。自身強大後，即便在艱苦的狀況也能發現樂趣，或者選擇一大清早起床搭電車上班不用人擠人。

還有，也可能有些人本來就不適合那個職業。比方說，在設計部門被上司要求「明天提出十個草案」，絞盡腦汁都想不出點子的人，或許還是早點辭職或申請調部門比較好。

認眞工作雖然似乎是好事，但在周遭看來有時也可能是不知變通，或者無法臨機應變。如果總在追求別人的好評，往往會產生「我都照著做了爲什麼還不誇獎我」這種想法。

公司不是學校，爲了追求某人的肯定而工作，因爲得不到肯定而傷心難過怪罪某人，這些都不是成年人所爲。既然踏入社會，就要有自我保護的概念，這點也很重要。

基本上，公司就算想鍛鍊員工，也不希望員工過勞死。認眞的人最大的特徵，就是往往把上司當成學校老師，或者把工作當成回家作業。如果有人擺脫不掉這種毛病爲此苦惱，那眞是太可憐。不過一旦步入社會，只能靠自己認清究竟適不適合工作。

我認爲過勞死幾乎可以和自殺畫上等號。和做出自殺這個選擇時一樣，人在過於疲憊時也會無法做出正確判斷。心理已經出了問題，就算想辭職也懶得按照辭職手續辦理，在「如果在這種忙碌狀況下辭職，就得把這個那個還有那個業務辦理交接。還不如我自己繼續做下去。好歹先撐到下一個休假吧」這種心態下，很多人就這麼倒下猝死。

自殺的時候，往往是在當事人從憂鬱狀態的谷底開始恢復，周遭都掉以輕心以爲「應該已經沒事」時，忽然鬼迷心竅。在最低潮的時候連自殺的力氣都沒有，可是稍微恢復時往往會突然實行因此有必要小心。

我認識的某個自殺者，就在死前數星期寫部落格：「宮崎縣的朋友打電話來說，『今天天氣很好你來玩吧！』我立刻搭機直奔宮崎玩得很開心！能夠這樣心血來潮說走就走眞是太好了！」我看到這篇文章當下直覺不妙。

當然我也經常心血來潮，「這個展覽只到今天，雖然有點遠還是去山梨縣吧！」就這麼出遠門，而且也很慶幸自己去了，但那和這種時候有點不同，我感到他的文章滲出一種「明明很累卻假裝不累」的氛圍。

過了一陣子那人突然離世，我好像早有所料。

而且就算知道「現在是最要小心的時候」，也不可能一直監視那個人，因此周遭根本不可能完全防止。

就生活模式而言，天亮才睡中午才醒的人更危險。我也是夜貓子所以很不想承認，但這樣過生活的確容易憂鬱。我的職業也很容易生活不規律。不規律的生活乍看自由，要維持一定的節奏卻很難。

另外，夜裡好像也很容易感染靈能方面的負面情緒。所以不妨建議朋友，暫時早睡早起，調整一下生活步調。

眞正危險時，在飯店住個一星期暫時與世隔絕也不錯。要調整不規律的生活節奏好好休息，西式飯店是個好選擇。日式旅館提供餐飲的次數多搞得很忙碌，有時反而無法休息。

和家人相比，朋友能夠幫忙的範圍相當有限。這個問題，深深牽涉到「什麼是成年人」這個問題。重點在於必須靠自己好好思考「成年人是什麼」，而非旁人來敦促「請你成熟一點」。

成年人有很多事必須去做，正因如此也能得到自由。那是和童年的自由不同質的自由，如果不好好思考這種自由，往往會把人生歸咎給別人。比方說認定是上司或社會讓自己變成這樣。

當然，現在的痛苦的確是公司造成的，但是比方說可以用公費搭乘計程車，一拿出名片就會大受異性歡迎……如果這家公司是大企業，不妨拼命想想在這種大企業享受到的員工福利藉此熬過現在，如果實在沒辦法就申請調部門，或者仔細考慮換工作的利害得失。當然就算是小公司，我想只要去發掘類似的好處一定還是找得到。

不妨再次確認當事人是爲了什麼而工作，如果付出和收穫不成比例，可以考慮離職。

我有個在某大企業上班的女性朋友就很猛，自稱「進公司後從來沒出席例行會議」。我有點難以置信，一再詢問：「那怎麼可能？」但她說：「不去也沒關係。」

雖然她一再惹得上司發火撂話要開除她，但她還是照樣不去開會，每天在公司睡午覺（笑）。

以前我去她家玩，她會在半夜三點突然開始烤蝦子，我說：「這麼晚了才烤蝦子，明天會來不及上班吧？」這位大姊照樣理直氣壯回答：「沒關係，我晚點再去公司。」

但她和客戶會面絕對不遲到，而且工作非常幹練。我想大概就是因爲有這種底氣，所以始終沒有被開除。在她心中大概有「這種會議毫無意義」這個明確的答案吧。任何人如此堅持自由都很難當上班族，但如果能夠堅持到這種地步，想必在哪都會活得很好。

34

我是個二十歲的女大學生，發現自己對同校的好友抱有愛意後很痛苦。因為好友和我一樣是女生。（過去我喜歡的一直是男生，也交過男友）。好友正暗戀某個男孩。我一直壓抑出櫃的衝動維持這段友誼，但一個人靜下來時，心情真的快要崩潰。聽好友傾訴暗戀的煩惱尤其令我痛苦。對好友的愛意始終無法死心，我很困擾該如何是好。

（二十歲女性，大學生）

妳只是把「對同性有愛意」看得特別嚴重才讓煩惱變得複雜，如果把暗戀對象換成男性去思考，說不定解決之道意外簡單。

不妨假設對方是「另有心上人的男性朋友」，通常只能選擇勇敢向對方告白，或者默默以朋友的身分繼續守候在他身邊。我想「對方是同性」這點其實並沒有特別重要。

基本上女人喜歡和女人在一起，男人喜歡和男人在一起，這是我向來的主張。但如果不是那種喜歡，而是眞的當成戀愛對象喜歡，那妳最好就自己的人生全盤思考一下。今後自己要怎樣談戀愛？將來要不要和男人結婚？是否要擺明自己的性向立場？發問者沒有把煩惱分開思考導致問題有點複雜，因此如果先整理一下應該會更容易思考。

不過，對方若是眞正的好友，恐怕已經察覺「這人對我有愛意」。或許只是妳自己鑽牛角尖認定對方會做出「晴天霹靂」的反應。

「像男生的女生」，和「身爲女生喜歡女生」這二種類型截然不同，因此有些人或許完全不會被察覺，但我還是有點懷疑，對方如果連這點都無法理解，眞的算得上好友嗎？若是眞正的好友，就算妳出櫃也會替妳著想喔。對方應該會說：「我既然無法回應妳的感情，今後我們或許應該稍微保持距離，但是妳有困難時還是可以隨時找我商量。」

關於同性戀的認識，雖說已和過去有了大幅改變，但我認爲用不著那麼賣力對所有人出櫃。結婚或同居時當然有可能得考慮是否告訴父母，但是如果對關係沒那麼深的人說，對方恐怕也會猜想，「這人是在要求我的關心嗎？」

好像有很多同性戀者都認爲「非說不可」。但是例如「我每週都去ＳＭ性愛俱樂部喔」這種話，絕對不可能在普通對話中出現吧？這種問題畢竟還是個人隱私，會根據人際關係的距離遠近，考慮要不要說、哪些可以說哪些不說，這點我想並不只限於同性戀者。

我認識一對比我年長的同性情侶。其中一人來自鄉下，他對父母坦承「現在和男人同居，打算以他的伴侶身分共同生活」。父母接受了一切，不時還會寄蔬菜或乾貨給他們，把二人當成自家人看待，但是有一次二人返鄉探親，父母卻告訴他：「你的伴侶不能住在我們家。我們已在商務旅館訂了房間，最好讓他一個人去住旅館。拜託你們千萬不要在這附近並肩同行。」

兒子聽了對父母大發雷霆，「那我也不住家裡了。我倆一起去睡旅館！」當下就把旅館房間改成雙人房，只住一晚就回東京了，但他說非常受傷。二人也有事業，經濟上也是共同體，堪稱眞正的夫婦，而且已經年近六十，所以父母大概也想理解他們，但是被快要九十歲的父母當面說出「拜託你們不要在這附近出現」或「你們到底要待幾天」，我想眞的會很傷心。最後他落寞地說：「我們已經決定不再一同返鄉。」

聽到這個故事時我深深感到，要互相理解還是個棘手的問題。儘管這年頭對同性戀的理解已有進步，但是年齡及居住地區、家庭環境等因素還是會導致認知有所差異，因此我無法說「大家都趕快出櫃，堂堂正正手牽手上街」。這種分寸的拿捏非常不容易，只能靠當事人自己根據周遭的反應一點一滴去累積。

可悲的是，現在的日本依然有那種被同性告白愛意，立刻罵對方「變態噁心」或者在校內四處宣揚的人。雖然會很受傷，但這種時候只能自我反省，怪自己看人的眼光太差，安慰自己又學到了一課。

當然，會做出那種事的人也很奇怪，如果沒有人站出來聲援「那樣做很奇怪」，那麼自己最好也要做點改變。

如果真的不幸演變成那種狀況，也不用自責自己愛上同性，不妨換個心情想，「下次一定要睜大眼睛找個好對象」。我們年輕時經常只憑外表就愛上對方因此失戀受挫，這是理所當然。那本來就是培養看人眼光的時期，所以雖然會受傷會痛苦，還是努力熬過去吧。

如果我的好姊妹向我表白：「我喜歡妳，請跟我交往。」我大概會誠實拒絕：「我喜歡的是男人，很抱歉。」之後彼此的關係和距離就算不復從前也是莫可奈何。我不會因爲對方的表白就從那天起立刻避如蛇蠍，但我不會再和對方單獨見面。如果還像以前一樣單獨見面，我認爲那對她太殘忍。

不過這不是因爲彼此都是女的，就算是一對男女也一樣。如果我被當成好友的男人表白後拒絕了對方，我同樣不會再和他單獨見面。

無論對方是同性或異性，一旦愛上某人就有可能被拒絕，事情或許就這麼簡單。我認爲，「我們都是女的，所以應該還能做好朋友」的想法是錯的。這點對異性戀也一樣，「他雖然拒絕了我，但我們還是好朋友」這種事嚴格說來不大可能。

說句題外話，長期單戀的人，往往喜歡的不是暗戀對象和自己的關係，而是單戀衍生出來的情節。

這種人喜歡的只是和朋友在咖啡館傾訴心聲的時光或沉浸感傷的時光，其實並沒有認眞看清楚對方是什麼樣的人。有時我甚至懷疑，很多女孩子在那段彷彿「暗戀選修課」的時光嘗到美妙滋味，「想和對方交往」的念頭反而成了其次。

35 在芭娜娜心中，可曾對朋友的哪句建言留下深刻印象？

照理說應該有過很多被朋友的贈言拯救的經驗，但我就是無法具體想出哪個朋友。

我感覺並非特定的哪個人，而是「朋友」這個大框架救了我，所以並沒有什麼「因爲這人說了這句話我才變成這樣」的記憶。痛苦時，雖然會有人從某處伸來援手，但那好像是天意安排下出現的……。

就算以前有困難時得到某人的建言，也不見得下次那個人還會再提出建言。所謂的救贖，我覺得應該是更不可預知、不知從何而來地降臨。

我在別的散文也提過，我爸過世那段日子，我請在附近書店當店長的男孩子當我的兼差駕駛，我認爲那想必就是天意安排。他並沒有叫我多給他安排駕駛的工作，我也沒有一心指望他，只是那段時期彼此住得很近，他正好也有空，現在他已經不住在下北澤，這一切，都只能說是不可思議的力量在主導。

那年我連續得了二次流感，嚴重的時候一天得跑四家醫院——看耳科的醫院，看流感的醫院，我姊住的醫院，我爸住的醫院病房部和我媽的病房部。就這麼整天四處跑。那些行程如果全靠搭計程車或電車，我恐怕早就累死了。

「我媽早上突然過世了，我現在必須立刻趕回老家。」當我這麼聯絡那個兼差駕駛時，他說「那我現在立刻開車」，馬上就趕來了。

如果對方住得遠，我可能不好意思常找對方，所以熟知東京地理環境的他就住在離我家只有五分鐘路程的地方，眞的讓我很感恩。

不過，這是天意安排的救贖，好像並不是那個人靠自己的力氣救我。也不是湊巧做過一段時間的鄰居才變成這樣。我感到彼此之間更宿命的緣分。再加上我爸和他的緣分，我媽和他的緣分，或許才能夠產生如此不可思議的命運。

另外，在我的人生之中，有二次雇用的助理都是「膚色白皙，身材有點圓潤，充滿行動力的女性」，但我感覺這不只是對方本身和我的緣分，也是我這種人命中注定「和膚色白皙身材圓潤充滿行動力的助理可以互補」的命運。

之前的助理也是膚色白皙身材圓潤充滿行動力，我們一起去外地取材找資料也完成許多壓力很大的工作，回飯店房間之前二人一起喝杯小酒，心情會變得很開朗。

反過來說，這種人當我助理的時期，就是不可能完全不外出工作的時期，這同樣也是命運。

也有時助理是非常優秀但個性內向文靜的人，這種時候我就很少外出遠行，在閉門工作時，助理的那種人格特質往往讓我受益不少。

這種命運非我所能決定，是天意安排。比方說，充滿行動力的助理請產假，我就會暫時進入不用外出的時期。

我們有可能在人生跌落谷底時偶然搭乘計程車，被計程車司機的一句話拯救。救贖會從哪兒來真的很難說。對於發問者這個問題，我想包括這種隨機出現的人在內或許皆可稱爲「朋友般的救贖」。

我相信只要一直率眞地跟隨命運，相信天意的安排，必然會那樣得到某人伸出的援手。

36

如果有一臺時光機，能夠回到十幾歲、二十幾歲、三十幾歲、四十幾歲時，芭娜娜小姐會給每個時期的自己什麼樣的交友建議？今後又想建立什麼樣的交友關係？

在我十幾歲時，有個女孩轉學來我們學校，我倆一見如故。打從認識那天起，我們天天一起玩，每天都有講不完的話。我至今沒遇過比她更契合的人。而且到現在每次見到她還是會覺得，「這個人眞的太厲害了！」光是待在她身邊一切就會沒問題，而且她說的關鍵性一字一句都令人崇拜。

眞正厲害的人絕對是普通人。不會變成名人，也不會變成任何人。我爸也說過。眞正厲害的人是大隱隱於市，寫作者絕對只能甘拜下風。

我也一輩子都只能對她甘拜下風。不是因爲彼此類型不同，是根本上無法超越她。她於我而言是終極人物。

在她轉學過來之前，我本來每天都和另一個女孩玩，我突然「另結新歡」令那女孩很生氣。她說：「至少應該大家一起玩，或者多給我一些時間跟我玩。這樣突然不理我太過分了。」

我也很煩惱，但那時已經無法遏止「想探究新朋友的神祕」的念頭。我只能老實說：「對不起，現在我只想和她玩。」我想那是我人生中第一次做出重大決定的瞬間。而且，我並不後悔當時的決定。

日前，我有機會和當時的同學齊聚一堂。被我冷落的那個女孩後來和其他溫婉如大家閨秀的女同學變成好友，她們現在也非常要好。

當時的我如果勉強迎合她，也就沒有這二人的多年友情了。這麼一想我很慶幸當時的決定，人還是忠於己心就好。

同時我也很慶幸當時能夠近距離盡情吸收那個好友的厲害思想。我很想去告訴十幾歲的我，「那個決定是正確的喔。」

二十幾歲時的我已成爲作家，無暇交友。

和過去的朋友收入截然不同後，每天想的事情也完全不同，價值觀自然也不再契合。但在和我收入相同的人們之中還沒找到志同道合的人，所以很寂寞。

也和很多人完全合不來，講話雞同鴨講卻照樣來往，我想搭乘時光機回去告訴那個我，這種勉強維繫的來往還是趁早放棄算了。

當時我是抱著「既然約我那我去就是了」的敷衍心態與人來往，所以對人家也很失禮。

工作就已夠忙碌了，還得應付這種無謂的交際，經常不在家，可憐的是我當時養的狗。我也想回去告訴自己：「這不是養狗的人該有的生活喔。」

三十幾歲也很忙碌，回想起來甚至幾乎毫無記憶。

這段時期，如果能欣然與名人交際，想必可以交到很多朋友，但我就是無法適應那種和名人搭計程車直接去店裡，在包廂會面的感覺，因此朋友並未增加。

我從二十幾歲就在最前線奮戰，感覺上好像在等周遭的同年代成長。可是三十幾歲時，同年代的人已成爲主編或企業界的課長，終於可以暢談彼此的辛苦。我是在這時才深切感受到這點。

當時本就無暇見朋友，因此也不會爲工作以外的人際關係苦惱，卻因過勞住院，非常辛苦。可自己也無能爲力。如果勉強要給建議，那我想告訴當時的自己，「絕對不能讓旅遊作家高野照子知道妳住院的事喔！」因爲會被院方警告：「實在太吵了，下次那人再來探病我們可不讓她進來喔。」讓我非常困擾（笑）。

四十幾歲時，我生了孩子天天忙著帶小孩，同時也漸漸交到朋友。朋友本來就稀少，因此開心地與朋友出遊時我總是習慣百分百配合對方。這點我至今很後悔。

我是超級夜貓子，根本沒必要勉強參加一大清早出門的旅行或努力配合。「這是寶貴時間所以必須盡情度過！」的念頭太強烈，往往讓我當時很痛苦。

我想回去告訴四十幾歲的自己，如何用「算了，妳們先去觀光，我在房間再睡一會。晚點再跟妳們會合」這種說話方式，保住自己的生活步調。

還有，關於今後的交友，我想和能夠把「吉本芭娜娜」這個招牌和我個人明確區分開的人交往。說得更直白一點，我想維持就算對方來委託工作我也能坦然推拒的關係。

我個人去那個場所沒問題，但通常不能打出我名字的情況很多。這不是我傲慢，也是基於保護自己的作品和讀者。

我漸漸強烈希望和能夠有這種認知的人做朋友。以前我以爲二者是一樣的，但發生種種不便後我終於明白。

而且我強烈希望「發生討厭的事情時一定要向對方說清楚」，這種時候不用長篇大論向對方解釋也沒關係的人際關係，就是我現在的目標。

寫作品感想時長一點倒是無所謂，但我不希望取消什麼約會時還得長篇大論寫報告解釋半天。

碰上某些人，有時就是會被逼著找理由。例如對方會說：「若是幾月幾號，到底幾點妳才能來參加？」硬是不放過我。如果是工作，還能明確解釋拒絕對方，但我已經不想這樣對待朋友。可以乾脆說出「不，我只是今天沒睡好不想去，對不起」，對方也能立刻接受的朋友關係最好。

所謂的朋友，想必還是抱著「自然而然」的感覺最好。總之盡量不要死板固定。連「今天超開心的對吧！」這種心情都不必固定。

不是「今天一起玩這麼開心，所以就給這段關係命名吧」，而是「在那個場合自然在一起的感覺，不知不覺就延續下來了呢」，我想這才是最好的。

後記

我費了很長的時間創作這本書。本書一開始提到的那二隻水火不容的法鬥和西藏㹴犬，如今都已離世。就這個角度而言，也算是充滿幸福回憶的一本書。

謝謝替我編纂成書的勝俣利彥先生，也謝謝中間一度骨折仍不肯放棄製作本書，投入人生寶貴時間的矢坂美紀子小姐。包括我在內的本書製作成員，衷心期盼各位讀者在交友關係觸礁時，本書能夠略有助益。

書中提到的小故事當然和實際發生過的事有微妙的修改，但我每次重讀都不免驚訝，一個「夥伴」及「眞正的朋友」居然以各種形式出現了一次又一次。我甚至懷疑這本書大概有三分之一都是我和她的故事！

創作此書的期間，她過世了。在她死去的瞬間，我握著她的手哭喊：「我連自己的爸媽都替他們送終，妳怎麼可以這樣！不過，謝謝妳，眞的辛苦妳了，謝謝！」

她是昔日我還是菜鳥時經常給我建議，一直在我人生中陪伴我，美貌又風雅的酒友。我倆相識三十年的歷史，想必直接創造了我的人生。

這本談交友的書，我要獻給教我明白朋友的偉大，價值觀與我非常相似的心靈諮商顧問，公文結子小姐。

結子，眞的謝謝妳。

二〇一八年初夏，吉本芭娜娜

吉本芭娜娜解答交朋友的煩惱

藍小說 844

作　者—吉本芭娜娜
譯　者—劉子倩
編　輯—張瑋庭
封面插畫—Bianco Tsai
內頁排版—極翔企業有限公司
副總編輯—嘉世強
董事長—趙政岷
出版者—時報文化出版企業股份有限公司
108019臺北市和平西路三段二四〇號三樓
發行專線—（〇二）二三〇六六八四二
讀者服務專線—〇八〇〇二三一七〇五・（〇二）二三〇四七一〇三
讀者服務傳真—（〇二）二三〇四六八五八
郵撥—一九三四四七二四時報文化出版公司
信箱—（一〇八九九）臺北華江橋郵局第九九信箱
時報悅讀網—http://www.readingtimes.com.tw
電子郵件信箱—liter@readingtimes.com.tw
法律顧問—理律法律事務所　陳長文律師、李念祖律師
印　刷—勁達印刷有限公司
初版一刷—二〇二二年一月十四日
定　價—新臺幣三二〇元
（缺頁或破損的書，請寄回更換）

時報文化出版公司成立於一九七五年，
並於一九九九年股票上櫃公開發行，於二〇〇八年脫離中時集團非屬旺中，
以「尊重智慧與創意的文化事業」為信念。

吉本芭娜娜解答交朋友的煩惱 / 吉本芭娜娜著；劉子倩譯. -- 初版.
-- 臺北市：時報文化, 2022.1
面；　公分. --（藍小說；844）
譯自：吉本ばなながが友だちの悩みについてこたえる
ISBN 978-957-13-9861-7（平裝）

1.CST: 人際關係 2.CST: 社交技巧

177.3　　110021530

ISBN 978-957-13-9861-7
Printed in Taiwan